本书系中央高校基本科研业务费专项资金资助西南交通大学
"中国宗教研究"创新团队建设项目（2682018WCX04）阶段性研究成果

法国汉学家的道教研究
——以代表性论著为中心

Recherches des sinologues français sur le Taoïsme,
avec une attention particulière aux travaux représentatifs

张粲◎著

四川大学出版社

项目策划：舒　星
责任编辑：舒　星　王　静
责任校对：宋　颖
封面设计：墨创文化
责任印制：王　炜

图书在版编目（CIP）数据

法国汉学家的道教研究：以代表性论著为中心 / 张粲著. — 成都：四川大学出版社，2020.8
ISBN 978-7-5690-3388-5

Ⅰ. ①法… Ⅱ. ①张… Ⅲ. ①道教－研究 Ⅳ. ① B958

中国版本图书馆 CIP 数据核字（2020）第 154967 号

书名	法国汉学家的道教研究——以代表性论著为中心 FAGUO HANXUEJIA DE DAOJIAO YANJIU——YI DAIBIAOXING LUNZHU WEI ZHONGXIN
著　者	张　粲
出　版	四川大学出版社
地　址	成都市一环路南一段 24 号（610065）
发　行	四川大学出版社
书　号	ISBN 978-7-5690-3388-5
印前制作	四川胜翔数码印务设计有限公司
印　刷	四川盛图彩色印刷有限公司
成品尺寸	148mm×210mm
印　张	6.75
字　数	159 千字
版　次	2020 年 8 月第 1 版
印　次	2020 年 8 月第 1 次印刷
定　价	38.00 元

版权所有　侵权必究

◆ 读者邮购本书，请与本社发行科联系。
　电话：(028)85408408/(028)85401670/
　(028)86408023　邮政编码：610065
◆ 本社图书如有印装质量问题，请寄回出版社调换。
◆ 网址：http://press.scu.edu.cn

四川大学出版社
微信公众号

致我亲爱的法国朋友 Luc 和 Bernard

À mes très chers amis français Luc et Bernard

前 言

自 1814 年法国法兰西学院（Collège de France）设立汉学讲座以来，法国一直就是海外汉学研究的重镇。法国的道教研究是法国汉学的重要组成部分，是随着法国汉学的发展而逐渐成熟的。法国的道教研究具有悠久的历史，在相当长的时期内引领着海外汉学和道教研究的发展方向。尤其是第二次世界大战以后，法国的道教研究随同法国汉学的复兴而发扬光大，学人辈出，成果丰富。迄今为止，法国道教研究已传承至第五代，聚集了世界各地的优秀学者，法国与美国、日本成为海外道教研究的三个中心。"他山之石，可以攻玉。"法国的道教研究成果对于中国及其他国家的道教研究而言有着较大的借鉴意义。

早在明清之际，由法国入华的传教士对于道教即有了初步的认识。他们为了更好地传播基督教而研究中国传统典籍，因而初步接触了道家和道教。他们寄往欧洲的报告和信札成为欧洲人了解中国、了解道教的重要信息来源。但由于传教士的传教任务和宗教立场，他们对道教多持否定的态度。19世纪初，法兰西学院首任汉学教授雷慕沙（Jean Pierre Abel Rémusat，1788—1832）翻译和研究了《太上感应篇》《道德经》，从而正式开启了法国的道教研究。在雷慕沙及其弟子儒莲（Stanislas Julien，1797—1873）等人的努力下，19世纪上半叶法国的道教研究走在了欧洲的前列。

进入20世纪，法国开始走上科学研究道教的道路。法国汉学家综合采用文献学、田野考察、历史学等学科知识进行道教研究，涌现出戴遂良神父（Léon Wieger，1856—1933）、沙畹（Édouard Chavannes，1865—1918）、马伯乐（Henri Maspero，1883—1945）、康德谟（Max Kaltenmark，1910—2002）、施舟人（Kristophe Schipper）、贺碧来（Isabelle Robinet，1932—2000）、劳格文（John Lagerwey）、傅飞岚（Franciscus Verellen）、穆瑞明（Christine Mollier）等著名学者，取得了丰硕的成果。如康德谟以文献考证的方法将神仙传记研究推向了一个新的高度；施舟人将文本研究与田野考察相结合，并在中国台湾南部实地考察道教仪式；贺碧来运用严格的文献学方法整理上清经，并对上清经及其"存思"道术进行了深刻的研究；等等。

近年来，海外道教研究日益引起国内道教学界的重视。早在20世纪90年代，已故宗教学泰斗卿希泰先生就已指出，中国的研究成果多被国外学者所掌握和借鉴，而国外的一些重要成果在国内翻译过来的则很少[1]，呼吁国内学界重视翻译国外的道教研究成果。学者朱越利先生也认为，海外道教学"可以帮助我们的研究避免封闭和僵化，也可以帮助我们认识外国文化"[2]。本书旨在介绍和探讨法国汉学的道教研究成果，以期进一步促进中法道教学界的对话。

本书在笔者博士论文的基础上精减而成。由于时间和精力有限，本书无法一一论述法国道教研究史上的所有学者和著述，而仅能以时间为轴线，选取其中的关键阶段、重要学者及其著述进行讨论。具体如下：

第一阶段（19世纪以前）：门多萨（Juan Gonzalea de Mendoza，1545—1617）《中华大帝国史》、利玛窦（Matteo Ricci，1552—1610）及法国来华耶稣会士著述中对于道教的描述。

第二阶段（19世纪）：19世纪法国汉学家雷慕沙对《太上感应篇》《道德经》的翻译和研究及其所受传教士的影响、鲍狄埃（Guillaume Pauthier，1801—1873）对《道德经》和《道教源流》的翻译和研究、儒莲对《太上感应篇》《道德经》的翻译和研究及其倡导的客观的阐释方法、罗斯奈（Léon de Rosny，1837—1914）对《阴骘文》《山海经》的翻译及其对道家和道教的二元划分、马塞伦（Désiré Jean Baptiste Marceron，1823—？）对道教文献的初步介绍。

第三阶段（20世纪）：戴遂良神父对《道藏》的研究和对道家典籍的翻译、沙畹所开启的对道教仪式的研究、马伯乐对于道教研究的拓展、康德谟所开启的对神仙传记的研究、施舟人对于法国道教研究的领导、贺碧来对于上清经的缜密研究、傅飞岚对于杜光庭的历史研究、劳格文对于道教类书的研究、穆瑞明对于道教末世论著作的研究。

  如上文所说,本书仅选取了法国汉学史上的关键阶段和重要学者的代表论著进行讨论。本书中未及探讨的内容,笔者将在今后的研究中加以学习和补充。此外,由于本人学识有限,难免会有这样或那样的失误,因此笔者亦在此恳请各位学人批评指正、不吝赐教。

注释

1 卿希泰:《简明中国道教史》,中华书局,2013年,第261页。
2 朱越利:《理论·视角·方法:海外道教学研究》,齐鲁书社,2013年,前言第3页。

目 录

- 001 第一章 19世纪以前西方对道教的认识
- 002 第一节 门多萨《中华大帝国史》中的道教
- 007 第二节 利玛窦对道教的态度
- 018 第三节 法国来华耶稣会士著述中的道教
- 025 第四节 传教士著述中对于道教认识的时代局限及其影响

- 034 第二章 19世纪法国汉学对道教的研究
- 034 第一节 19世纪法国汉学的正式确立
- 036 第二节 19世纪前期法国汉学对道教的研究
- 070 第三节 19世纪后期法国汉学对道教的研究
- 077 第四节 19世纪法国汉学对道教研究的特色及影响

- 088 第三章 20世纪法国汉学对道教的研究
- 088 第一节 20世纪法国汉学对道教典籍的翻译情况概述

091　第二节　20世纪初至第二次世界大战前后法国汉学的道教研究
104　第三节　第二次世界大战后法国汉学的道教研究
155　第四节　20世纪法国汉学道教研究的特色

183　结　语

186　附录　法汉人名对照表

189　参考文献

202　后　记

第一章

19 世纪以前西方对道教的认识

早在中国的汉朝及欧洲的罗马帝国时代,中国与西方便有了交流。据学者考察,公元前后,欧洲称中国为"支那"或"赛来斯"[1];元代前,通过往返于丝绸之路的商人,欧洲人已经知道遥远的东方有个产丝的国家。元时,蒙古人建立横跨亚欧的大帝国,大大促进了中西之间的交流。1253 年,法国国王路易九世(Louis Ⅸ,1214—1270)意欲与蒙古帝国建立友好关系,派遣方济各会修士鲁布鲁克(Guillaume de Rubrouck,1215—约 1293)出访蒙古帝国并在蒙古传播福音书。但鲁布鲁克的传教意愿遭到蒙古可汗的拒绝,他在返欧后撰写了《鲁布鲁克东行记》(*Voyage dans l'Empire Mongol*),书中简要地介绍了蒙古人的佛教信仰状况。该书比后来风靡欧洲的《马可·波罗游记》早了半个世纪。意大利人马可·波罗(Marco Polo,1254—1324)于 1275 年来华,在华游历 17 年,其《马可·波罗游记》将中国描绘为遍地都是金银财宝、香料堆积如山的神秘国度,这极大地刺激了欧洲人来华的愿望。

到 15 世纪，随着新航路的开辟和航海技术的改进，欧洲的商人、殖民者和传教士纷至沓来。由于地理位置的优势，该时期最早来华者以西班牙人、葡萄牙人和意大利人为主。法国人则后来居上，成为研究中国、并向欧洲介绍中国信息的主要力量。

第一节　门多萨《中华大帝国史》中的道教

西班牙人胡安·冈萨雷斯·德·门多萨自幼受到良好的教育，17 岁时赴墨西哥，并于 1564 年加入奥古斯丁修会，成为一名修道士。在墨西哥，他潜心研究神学，并热心于传教事业。其时，恰逢西班牙殖民者征服了菲律宾，因此，墨西哥成为西班牙人赴菲律宾和东方国家的中转站及往返西班牙的必经之地。这引起了门多萨对东方国家的关注和兴趣。当时的西班牙国王腓力二世（Felipe II de España，1527—1598）意欲向中国派遣使团，门多萨便成为使团的成员之一，后来却又因种种原因未能出使中国。但他在墨西哥获得了许多关于中国的资料。其时，由于天主教积极准备向东方拓展势力，地大物博的中国便引起了罗马教廷的关注。受教皇格里高利十三世（Grégoire XIII，1502—1585）之命，门多萨多方搜集与中国有关的资料，如前人的出使报告、文件、信札、游记、著述等，编写了一部详细介绍中国的书，即《中华大帝国史》，全称为《据中国史书记载以及走访中国的教士和其他人士记述编撰的中华大帝国奇闻要事、礼仪和习俗史》

(*Historia de las Cosas Mas Notables, Ritos y Costumbres del Gran Reyno de la China, Sabidas asi por los Libros de los Mismos Chinas, como por Relacion de Religiosos, y otras Personas, quean estado en el Dicho Reyno,* 1585），该书以西班牙文于 1585 年出版后立即引起了轰动。这是继《马可·波罗游记》之后又一部较为详细地介绍中国的书籍。据张国刚《明清传教士与欧洲汉学》统计，该书自 1585 年首次出版以来，至 16 世纪末便已被译为意大利语、英语、法语、德语、荷兰语、弗莱芒语、拉丁语等，若将西班牙语的版本计算在内，16 世纪共有 35 个版本。[2]

《中华大帝国史》是 16 世纪欧洲有关中国的自然地理、气候环境、宗教信仰、道德政治、历史文化、风俗礼仪、物产经济等情况介绍最全面、最详尽的一部书籍，为当时的欧洲人打开了认识中国的窗口，也在一定程度上为当时的欧洲国家制订对华政策提供了依据。正如张国刚先生所言："16 世纪欧洲人关于中国的重要叙述或多或少都由门多萨的《中华大帝国史》加以体现，这些游记中的中国形象实际上是经门多萨之手才进一步在欧洲巩固，此书版本之多，泽被之广，惠人之众，在 17、18 世纪都无有匹敌，成为继《马可·波罗游记》之后欧洲人了解中国的重要门径。"[3] 据称，法国文艺复兴时期的著名作家蒙田（Michel de Montaigne, 1533—1592）读了此书后感叹道："我们自诩发明了火炮和印刷术，而另一些人，即远在世界另一端的中国人，早在一千年以前就已经拥有火炮和印刷术了。"[4]

《中华大帝国史》第一部第二卷"中华大帝国臣民的宗教、

他们所崇拜的偶像以及其他超自然的奇事"介绍了中国人所膜拜的神祇、中国人的宗教和偶像崇拜、中国人做重要事情之前的占卜和祈拜鬼神的活动、中国人关于世界起源和人类诞生的传说、中国人灵魂不朽的观念以及为死者所做的祈祷、中国人的庙宇和僧尼活动、中国人的婚丧嫁娶等风俗。[5] 其中,门多萨谈到了中国人"三个最主要,也是他们非常崇拜的偶像"[6],如下:

> 第一个叫Sichia,他来自西方的Trautheyco国,是众多中华帝国善男信女生命的创造者。Sichia从不娶妻,终生过着与世隔绝的生活。他不蓄发,以至很多善男信女也学他不留发……他们都执行他的旨意。
>
> 第二个叫Guanina,她是皇帝Tzontón的小女儿。皇帝有三个女儿,已经嫁出两个,在考虑三女儿的婚事时,她表示终身不嫁,她说她已向上天发誓,要过圣洁的生活。父王大怒,把她囚禁在一个类似修道院的地方,叫她背水、砍柴、用镐头修整那里的一个果园。中国人讲了她很多有趣的事情,如猴子下山给她帮忙,圣人们帮她挑水,飞禽用嘴帮她打扫果园,走兽下山帮她运柴,等等。见此,父王以为这是魔法或妖术做的障眼法,实际上,如中国人所说,这的确可能是真的。于是,父王便命令放火烧了三女儿居住的闺房。看到驻地因她被烧,她企图用银质发簪自戕,正在这时,天上突降暴雨把火熄灭。见此,她便离开了那里,躲在大山中,潜心修行,过着圣洁的生活。父王对自己的女儿犯了

罪，遭到报应，患了麻风病，浑身长满蛆虫，医生也没办法。女儿对此有所预感，便前来给他治病，父王认出了她，对自己所做的一切露出极为懊悔的神情，向她祈求原谅并向她敬拜。见此，女儿觉得受之有愧，便在他面前置一圣像，叫他对圣像而不是对她本人膜拜。说完径直返回山中，虔诚修行直至离开凡世。国人把她认作伟大圣徒，求她向上天说情，宽恕他们的罪过，因为他们认为她就住在天上。

第三个被国人认为是圣女，名叫 Neoma，出生在福建省的 Cuchi 村。人们说她是一位要人之女，拒不出嫁，去了兴化对面的一个小岛。在那里，她过着极为艰辛的生活，制造了很多不可思议的奇迹，并在那里献出了她的生命。人们之所以说她是圣人，是因为中国的一个叫做 Compo 的船长去邻国打仗，他的船原停泊在一个叫做 Buym 的地方。但当他要出发的时候，却怎么也不能起锚。战士们十分吃惊地看到 Neoma 坐在锚上。船长来到她的面前，卑谦地对她说他奉皇帝指令前去打仗，如果这场战争是神圣的，请她多多指教。她回答说，如果他想战胜敌人，就要把她一起带去。船长从命，便把她带到他去打仗的那个国家。那个国家的人深谙巫术，他们把油脂倒进大海，使战船好像着火一样。Neoma 也同样这样做，破了他们的巫术。中国人毛发无伤。敌对国的臣民见此，心悦诚服地向中国皇帝称臣。船长是个有理性的人，认为这是件怪事，但又是事实，为了进一步了解，便对她说，为了向皇帝表明她的神圣，请她把她手中的枯木棒变绿，如成功，就拜她为圣。她不仅把枯木棒变绿，而且还使它香气四溢。船长把绿木棒挂在船尾，结果航行一切顺利，他把这归功于木棒的法力。所以直到现在，他们还把她的像挂在船尾，尊她为圣女，出海前常向她祈祷膜拜，向她献祭。[7]

从以上文字和发音可大致推测，门多萨笔下的 Sichia 应是释迦牟尼，Guanina 或为观音，Neoma 则当为娘妈（妈祖）。除此之外，门多萨似乎也谈到道教的老君：

一般而论，他们认为天是可见和不可见的万物造物主。天也是他们字母表上的第一个字。天上的事由一神通管，他叫 Laocon Izautey，意思是大神的管理者，他们对他的膜拜仅次于对太阳的膜拜。他们说，这个管理者无父，无母，无生，无死，没有形体。也就是说，他是圣灵。[8]

但由于这段文字叙述颇为模糊，无法断言 Laocon Izautey 即是老君。从后文关于中国人的庙宇、僧尼活动等描写可知，门多萨对中国的宗教具有了一些初步但极为模糊且含混的认识，尚未能清晰地区分佛教、道教和民间宗教。此外，作为奥古斯丁会修道士的门多萨，自然会在行文中流露出"基督宗教至上"的观念，如他提到中国的"三位一体的画像"，认为这说明"光荣的圣徒克里斯托·圣·托马斯曾在那个帝国从事过布道事业"[9]，又站在基督教的立场批评中国人的迷信以及偶像崇拜，宣称许多中国人

"陷入了偶像崇拜的谬误之中……缺乏神圣万能的罗马教会所指出的,我们神圣基督教天主的真理教化"[10],"没能在基督教真理的沐浴下生活,定会丧失精微、敏锐的理智,定会一直沉沦下去"[11]。门多萨试图"以基督教义去解释中国人崇拜的偶像,认为从中可找到三位一体的痕迹;他还从中国人对世界起源和人类诞生的传说中发现中国人的宗教与基督教有近似之处"[12]。这种做法影响极其深远,后来入华的耶稣会士在传教时多在中国宗教中寻找基督教的蛛丝马迹,这与门多萨的思路多有相似之处。

第二节 利玛窦对道教的态度

利玛窦是天主教耶稣会士,意大利人。他于1561年进入家乡的耶稣会学校学习,1571年在罗马加入耶稣会,继续学习哲学和神学,师从当时著名的耶稣会士天文学家、德国人克里斯多夫·克拉维尤斯(Christopher Clavius,1538—1612)学习天文、宗教和物理。1577年,利玛窦加入了耶稣会派往东方传教的教团,来到了

图1 利玛窦[13]

葡萄牙的里斯本。在里斯本候船期间,他进入高因盘利(Coimbra)大学短暂学习。这所大学由葡萄牙国王约翰三世(João Ⅲ,1521—1557年在位)和耶稣会创始人、西班牙贵族依

纳爵·罗耀拉（Ignacio de Loyola，1491—1556）联合建立，是耶稣会用于训练东方传教士的一个学术中心，代表了欧洲海外殖民势力和天主教反宗教改革势力的结合。1578年9月，利玛窦到达葡萄牙在印度的重要殖民据点果阿。1582年8月，利玛窦受命来到中国澳门传教，其时正值明朝万历年间。此后，他开始学习汉语口语和文言文，并开始全方位地了解中国。

为了接近中国人，利玛窦为自己取了个中国名字——"西泰"，但由于他初到中国，对中国社会缺乏了解，以为基督教的传教士与佛教的和尚非常相似，于是身着僧袍，结果事与愿违，他的僧人形象使得文人士大夫对其敬而远之。后来，利玛窦听从中国友人的建议，开始蓄发留须，自称"西儒"，脱去僧服改着儒服，广泛结交文人，向他们传授西洋科学知识，同时研习中国儒家经典，博得了中国官员和士大夫的好感和信任。利玛窦深知儒家思想在中国社会占据统治地位，于是刻苦研习并翻译儒家经典，热烈颂扬儒家学说，称孔子为"哲学家之王"，还用汉语写成了以儒家思想论证基督教教义的《天主实义》一书。文中称：

> 吾天主乃古经书所称上帝也。《中庸》引孔子曰："郊社之礼，所以事上帝也"；……《周颂》曰："执竞武王，无竞维烈，不显成康，上帝是皇。"又曰："于皇来牟，将受厥明，明昭上帝。"《商颂》云："圣敬日跻，昭假迟迟，上帝是祗。"《雅》云："维文王，小心翼翼，昭事上帝。"《易》曰："帝出乎震。"夫帝也者，非天之谓，苍天者抱八方，何

能出于一乎。《礼》云:"五者备当,上帝其飨。"又云:"天子亲耕,粢盛秬鬯,以事上帝。"《汤誓》曰:"夏氏有罪,予畏上帝,不敢不正。"又曰:"惟皇上帝,降衷于下民。若有恒性,克绥厥猷,惟后。"《金縢》周公曰:"乃命于帝庭,敷佑四方,上帝有庭",则不以苍天为上帝可知。历观古书,而知上帝与天主,特异以名也。[14]

利玛窦遍引中国古籍,是为了说明"吾天主乃古经书所称上帝","上帝与天主,特异以名",也是为了证明西方的基督教与中国儒家思想在本质上是一致的,儒家的箴言"完全符合良心的光明与基督教的真理"[15]。他为此采取了"合儒""补儒",适应中国古老文化的传教策略,以避免与中国传统思想发生正面冲突,迁就中国的基督教徒祭孔、祭祖,并认为这并非偶像崇拜活动。实际上,后世的索隐派传教士在中国古籍中寻找基督教教义的做法,在利玛窦这里就已初见端倪。

利玛窦在晚年开始撰写他在中国传教的经历并介绍中国的概况。其手稿最初用意大利语写成,后由法国耶稣会士金尼阁[16](Nicolas Trigault,1577—1643)带回欧洲。在返欧途中,金尼阁对利玛窦的手稿进行了整理和增删,并将之翻译为当时欧洲知识分子普遍熟悉的拉丁文。该书在欧洲出版后立即引起巨大反响,随即被译为法文,即人们所熟知的《基督教远征中国史》(*Histoire de l'expédition chrétienne au royaume de la Chine*,1616)。该书中文版名为《利玛窦中国札记》[17]。

《利玛窦中国札记》第一卷第九章"关于某些迷信的以及其他方面的礼节"[18]和第十章"中国人的各种宗教派别"[19]分别介绍了中国儒、释、道三教的情况。其中，利玛窦称"儒教是中国所固有的，并且是国内最古老的一种。中国人以儒教治国，有着大量的文献，远比其他教派更为著名"[20]，并明确指出这一教派的人"不相信偶像崇拜""并没有偶像"[21]。利玛窦还介绍了位于北京和南京的两座皇帝专门用来祭天和祭地的庙宇，以及中国人的祭祖仪式（"祭祀亡灵"）。当时，某些传教士认为中国人的祭祖、祭孔活动是迷信和偶像崇拜，利玛窦则对此做了详细的描述和解释：

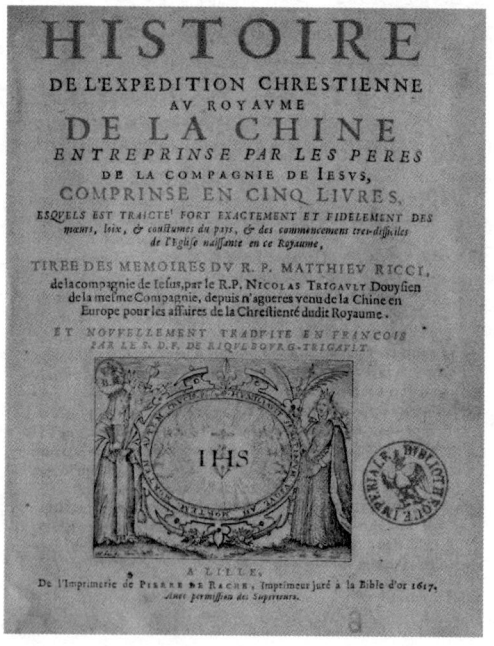

图2　1617年再版的法语版《基督教远征中国史》

信奉儒教的人，上至皇帝下至最低阶层，最普遍举行的是我们所描述过的每年祭祀亡灵的仪式。据他们自己说，他们认为这种仪式是向已故的祖先表示崇敬，正如在祖先生前要受崇敬一样。他们并不真正相信死者确实需要摆在他们墓前的供品；但是他们说他们之所以遵守这个摆供的习俗，是因为这似乎是对他们已故的亲人表示自己的深情的最好的办法。的确，很多人都断言这种礼仪的最初创立与其说是为了死者，倒不如说是为了生者的好处。他们这样做是希望孩子们以及没有读过书的成年人，看到受过教育的名流对于死去的父母都如此崇敬，就能学会也尊敬和供养自己在世的父母。这种在死者墓前上供的作法似乎不能指责为渎神，而且也许并不带有迷信的色彩，因为他们在任何方面都不把自己的祖先当作神，也并不向祖先乞求什么或希望得到什么。然而，对于已经接受基督教的教导的人，如果以救贫济苦和追求灵魂的得救来代替这种习俗，那就似乎更要好得多。[22]

从以上文字可见利玛窦对异质文化、风俗伦理的理解和尊重，但这同时也是利玛窦根据中国社会的现实而采取的迂回式传教策略。

利玛窦初到中国之时，因不了解中国社会，先是通过模仿佛教僧侣的装扮和举止以求获得中国人的好感，然而却事与愿违。而当他改变策略，着儒服，以"西儒"的形象出现在文人士大夫面前之后，则开始极力颂扬儒教，并改变了对佛教的看法，对佛教的态度转而趋于轻蔑。他简要介绍了佛教从印度传入中国的历史、当时的传播状况、佛教的寺庙建筑、佛教关于天堂和地狱的教义、佛教徒的吃素放生和朝圣布施等活动、僧侣阶层的成员构成等。他认为佛教的某些概念"是从我们西方哲学家那里得来的"[23]，且"这种哲学似乎不仅是从西方借来的，而且实际上还从基督教福音书中得到了一线启发"，"也提到过某种三位一体，把三个不同的神融为一个神"[24]，"在祷告时……常常重复某一个名字，读音是达摩（Tolome），但他们自己并不懂这个名字。也有可能，他们念这个名字是要崇敬使徒巴多罗买[25]的权威"[26]。巴多罗买是耶稣的门徒之一，利玛窦称其曾"在上印度（Upper India）——即在印度斯坦及其邻近国家——传道"[27]，并称"中国人听说过基督福音书中所包含的真理，受到感动而发生兴趣，想要接触它并向西方学习它；这并不是超出可能范围以外的事。然而，或是由于他们使臣方面的错误，或是因为他们所到国家的人民对福音的敌意，结果中国人接收了错误的输入品，而不是他们所要追求的真理"[28]。按照利玛窦的说法，佛教传入中国和耶稣的门徒们传播基督教教义大约在同一个时期，当时就有耶稣的门徒在印度传播基督教教义，中国人本欲到印度求取基督福音，却由于种种原因带回了"错误的"佛教教义。在利玛窦的眼中，佛教充满了危害和谎言：

  不管他们的教义中可以有怎样的真理之光，但不幸却都被有害的谎言所混淆了。他们对天和地的观念以及说天地是惩恶奖善的地方等等，都是十分混乱的；他们无论在天上或地上，都从不寻求死者灵魂的永生。这些灵魂被认为过一些年之后就重新诞生在他们所假定的许多世界中的某一个世界里。在那里，如果他们想要弥补罪过的话，就可以为自己过去的罪恶赎罪。这只不过是他们所用以影响这个不幸国家的许多荒谬的学说之一。[29]

在谈到佛教僧侣阶层的素质时，利玛窦带着鄙视的口吻道：

> 他们里面决没有一个人是心甘情愿为了过圣洁的生活而选择了参加这一修道士的卑贱阶层的。他们也和师父一样既无知识又无经验，而且又不愿意学习知识和良好的风范，所以他们天生向恶的倾向就随着时间的推移而每况愈下……虽然这个阶级不结婚，但是他们放纵情欲，以致只有最严厉的惩罚才能防止他们的淫乱生活。[30]

利玛窦称佛教典籍的"种类和数目繁多，结果是在它里面学说和荒谬无稽是那么混杂在一起，即使是号称信教的人也不能解释清楚"[31]；他说原本是用来作为宗教中心的场地被人们用来"崇拜偶像或学习这种邪教的教义"[32]，甚至直言不讳地称僧人们的"卑鄙无耻是出了名的"[33]。

利玛窦的如上描述很难让人对佛教产生一个好的印象。而道教与佛教一样，亦遭到了利玛窦的批判。他对道教的介绍如下：

第三种教派叫做老子（Lauzu），源出一位与孔子同时代的哲学家。据说他出生之前的怀胎期曾长达八十年，因此叫他作老子，即老人哲学家。他没有留下阐述他的学说的著作，而且好像他也没有想要建立独立的新教派。然而在他死后，某些叫做道士（Tausu）的教士把他称作他们那个教派的首领，并且从其他宗教汇编了各种书籍和注疏，都是用很华美的文体写成的。这些信士也有自己的修道院，过独身生活。他们也买人做徒弟，这类人也和前面所述的那种是一样地低下而且不老实。他们不剃头，像普通人一样蓄发，但他们把头发结扎起来盘在头顶，戴一个木制小冠，这种习惯使他们很容易被辨认出来。这种信仰的信徒有些结了婚，在自己家中行更带宗教性的仪式，给自己以及别人诵经祷告。除了有很多神以外，这种信仰的信徒还宣称崇拜一位肉身的天师，这位天师似乎一直不断地碰到很多不愉快的事。[34]

从上文"他没有留下阐述他的学说的著作"一句可推测，利玛窦似乎对《道德经》不甚了解。他关于老子的说法明显来源于道教传说，但他对于老子与道教之间的关系和区别的描述还是相当准确的。此外，利玛窦还对于道士的外表特征、家庭生活、宗教生活、宗教信仰进行了描述，可见他比以前的欧洲人对于道教有了更多的认识。他还认识到道教"有很多神"，并谈到道教的"长生不死"：

除了最高的神以外，这一教派还塑造出三位别的神，其中之一就是这一教派的创始人老子本人。因此，我们看到两个教派（佛教和道教。——笔者注）的每一派都以自己的方式塑造了神的三位一体，从而看来似乎是谬说的始祖或谎言之父还没有放下他冒充神圣的野心。他们也谈到奖善惩恶的地方，但是他们对这类地方的说法和前面提到的那种教派（佛教。——笔者注）的说法大不相同。这一派鼓励他们的成员肉体和灵魂一起飞升天堂，在他们的庙里有很多肉身升天者的图像。为了成就这种景象，就规定要做某些修炼，例如固定的打坐，并念一种特定的祷文以及服药；他们许诺他们的信徒说，这样做就可以蒙神恩在天上得到永生，或者至少是在地上得享长寿。从这类胡说，人们可以很容易得出结论，在他们的谵语里注入了多少欺骗。[35]

这段话对道教教义的描述并非完全准确，但也大致描绘了道教的特征，如崇拜众多神灵、追求长生不老并为达到这个目标而修炼，如打坐、诵经、服药等。此外，利玛窦对皇家祭祀活动、丧葬仪式中的道教法术、道教音乐、道教仪式等也做了描绘：

> 这类道士们的特殊职责是用符咒从家里驱妖。这可以用两种不同的方法进行：一种是家中墙上贴满用墨画在黄纸上的凶神恶煞的图像，另一种是在家中各处狂叫乱嚷，就这样把自己也变成了妖。他们还自称有能力在旱时求雨，在涝时止雨以及一般避灾禳祸。如果他们许诺的事真的实现了，那么那些使自己为他们的诺言所吸引人就有感兴趣的理由。然

而，这些骗子所预言的事几乎一无例外地全都是错的，所以很难理解那些在别的方面是足够聪明的人能提出什么借口和遁辞来相信他们。除非我们把他们所说的一切都算做通常所谓的谬说，否则看来似乎他们确实是有些人掌握了法术的奥秘的。

这个教派的道士们住在皇家祭祀天地的庙里，他们的部分职责就是当皇帝本人或代表皇上的大臣在这些庙里举行各种献祭时必须在场。这当然有助于提高他们的声望和权威。这种场合的乐队也有道士们组成。凡是中国人所知道的各种乐器都包括在乐队里面，但是他们奏出来的音乐让欧洲人听起来肯定是走调的。这些乐师还常常被请去办丧事，他们穿上华丽的道袍，吹笛和演奏别的乐器。新庙宇建成时的献祭仪式和指导那些祈福者列队上街，也都属于他们的权限。这种游行队伍是在规定的时间内由各城市的民政当局所举办的，开支由当地居民担负。[36]

从"这些骗子所预言的事几乎一无例外地全都是错的""他们奏出来的音乐让欧洲人听起来肯定是走调的"等字句中，不难看出利玛窦对于道教"驱鬼逐妖"的活动和某些道教仪式（祭祀天地、避灾禳祸、新庙献祭等）的反感和嘲讽。此外，利玛窦还提到了道教的"天师"：

这一教派把张奉为其最初的大祭司，据说他根据继承的权利，已把他的职位和随之而来的尊严从一千年前一直传到了今天。这个职位本身似乎开始于某一位术士,他住在江西省的一个山洞里,至今他的后代仍住在那里,并且在那里把他法术的奥秘传给他的子孙;——假如这个故事有任何可信之处的话。他们现在的领袖大部分时间住在北京。他被公认是皇上的宠信,甚至可以进入皇宫最隐秘的内室驱妖捉鬼,假如人们怀疑这些地方闹鬼的话。他在街上乘坐敞篷的轿子,穿最高级官员的袍服,接受皇帝赐给的丰厚的年金。我们一位新受圣职的教士告诉我们,现在这一教派的道长们实在无知,居然不知道本派中亵渎神明的诵经和礼仪。他们对老百姓没有任何管辖权。他们的权威只限于对他们教中的低级道士,并限于他们自己的宗教居住区,在这里他们的权力是至高无上的。像已经讲过的其他教派一样,这种道士有很多为了求得延年益寿的方案而耗费很多时间仿效他们的圣人去实验炼丹术,据说他们的圣人曾留传下来有关这种双重学问的某些配方。[37]

从上文可推测,利玛窦对于江西龙虎山正一道的张天师的职责、权限和活动等有了一些模糊的认识。他对于道教典籍亦十分轻视,声称道教书籍充斥着"胡言乱语",并专辟一例加以说明:

> 他们的书籍叙说着各种胡言乱语,如果不超出本书的目的,我们将在这里复述一下。只举一个例就可以使人明白其余的都是什么样子了。他们讲了一桩现在这位姓张的天师的故事,他的前任姓刘。有一天,刘天师骑一条白龙降凡,姓

张的原是一个圆梦的,他邀刘天师赴宴。当这位天上来客正在大吃大喝之际,他的主人(姓张的天师。——笔者注)跳上了白龙,骑着上了天,他夺取了宝座而一直不准刘天师重返天庭。然而,这位不幸的被逐者蒙这位篡位皇上的恩准去主持一座山,据说他现在就住在那里,但全部被剥夺了他原来的尊荣。所以现在那些可怜的百姓承认他们所尊奉的是一个假天师、一个篡位者和一个暴君。[38]

总之,从以上利玛窦对儒释道三教的描述可知,利氏颂扬儒家学说,不遗余力地研习儒家典籍,将儒家思想附会于基督教教义,迁就中国教徒的祭孔、祭祖活动,皆是一种迂回式传教策略。他批判佛、道二教,言语中充满轻蔑和鄙视,则主要是由于他视二者为迷信和偶像崇拜,认为它们是传播基督教的巨大障碍。利玛窦对于道教的态度,对后代入华的传教士产生了颇为深远的影响。在他之后来华的传教士多沿袭了利氏的态度,对道教持批判和贬斥态度。

第三节　法国来华耶稣会士著述中的道教

17世纪后期,在西班牙人、葡萄牙人、意大利人之后,法国人后来居上,对中国开始了主动的自觉的考察和研究。17、18世纪之交,正值路易十四当政期间,法国积极向外扩张。1685年,路易十四精心挑选了五位耶稣会士远赴中国传教,他们是洪若翰

(Jean de Fontaney,1643—1710)、张诚（Jean-François Gerbillon，1654—1707）、白晋（Joachim Bouvet，1656—1730）、李明（Louis Lecomte，1655—1729）、刘应（Claude de Visdelou，1656—1737）。这几位耶稣会士被称为"国王数学家"，具有极高的语言天赋和文化修养，尤其在科学方面具有极高的造诣，到达中国后深得康熙皇帝的赏识和器重。当然，康熙对他们有好感和兴趣并非由于他们是传教士，而是因为他们是科学家。1697 年，白晋奉康熙之命返回法国，以招募更多的法国传教士来华。1698 年，搭载着白晋以及他新招募的耶稣会士的"安菲特利特"号自法国出发，于同年的 11 月到达广东珠江口。此次来华的耶稣会士除白晋以外，还有马若瑟（Joseph Marie de Prémare，1666—1736）、雷孝思（Jean-Baptiste Régis，1603—1738）、巴多明（Dominique Parrenin，1665—1751）、宋君荣（Antoine Gaubil，1689—1759）、钱德明（Joseph-Marie Amiot，1718—1793）、冯秉正（Joseph-Anne-Marie de Moyriac de Mailla，1667—1748）、韩国英（Pierre Martial Cibot，1729—1780）等。

李明于 1687 年抵达中国宁波，次年 2 月抵达北京，谒见了康熙皇帝，此后在中国生活四年。1692 年，他奉教会之命赴罗马报告中国的传教情况，从此返回法国。他的《中国近事报道》（*Nouveaux mémoires sur l'état présent de la Chine*）是他在中国期间写给法国要人的通信汇编，1696 年于巴黎出版。其中第十封信"致红衣主教布荣——论中国古今宗教"[39]谈到了中国的儒、释、道三教。李明同以前的传教士一样，认为佛、道二教充满偶像崇拜和迷信思想。在他的笔下，老子是第一类"迷信思想"——道教的创始人：

> 李老君是第一类的创始人，他是孔子之前的哲学家。如果相信老子传人的说法，那么他的出生也是一个奇迹，其母怀胎达八十年之久，直至母亲临死前老子才从她的左肋降生出来。这个怪物生存了下来，却是国家的不幸，不久他就以歪理邪说而名扬天下。但是，他也写了几本有益的书，谈论道德、道德沦丧、鄙视财富以及退隐遁世。他经常反复说这句话，说这是真正的智慧之源："道生一，一生二，二生三，三生万物。"看来他似乎对三位一体有所认识。[40]

李明称老子为"怪物"和"国家的不幸"，称老子的学说为"歪理邪说"，似乎对老子无甚好感，但之所以称他"写了几本有益的书"，那也是由于老子的名言"道生一，一生二，二生三，三生万物"使得李明认为老子对"三位一体"有所认识。接着，李明又说：

> 他（老子。——笔者注）教导说，上帝是有形的，统治着其他神灵，就像国王统治着子民一样。他沉迷于化学，有人还声称老子是化学的奠基人。他酷好炼丹术，相信服丹后可以长生不老。传人弟子们为了达到长生不老的目的，纷纷陶醉于这种魔法。不久之后，这样的歪门邪术倒成了上层人士绝无仅有的科学。人人都怕死，于是都来炼丹，妇女们也

好奇地希望延年益寿，开始参与这种怪异之举，做出了各种大不敬的事情。[41]

从上文可见李明未能区分老子和后世的道教。他谈及了道教对于长生不老的追求和道教炼丹术，但却将炼丹术称为"歪门邪术"和"怪异之举"。此外，他还称追求长生不老是"害人的教义"，并介绍道教的天师"做假骗人""装神弄鬼""专门宣扬这种害人的教义"[42]，字里行间充斥着鄙夷之语，其对道教的贬斥态度一览无余。

在明清之际来华的传教士中，有一个特殊的团体和派别——索隐派（Figurisme）。该派旨在于中国古籍中寻找上帝启示的踪迹，以证明中国经典与基督教教义有着一致之处。其创始人是白晋，另有核心人物马若瑟、傅圣泽（Jean-François Foucquet，1665—1741）、卫方济（François Noël，1651—1729）和孙璋（Alexandre de Lacharme，1695—1767）以及后来入华的韩国英、钱德明等人。

白晋是作为"国王数学家"来华的首批法国耶稣会士，曾受康熙皇帝之命研究《易经》。作为索隐派的创始人，他在谈到中国的历史时，认为"中国历史典籍中记载的洪水就是《圣经》中的大洪水""中国人就是诺亚长子闪

图3　白晋[45]

的后裔"[43]。

白晋对于《道德经》的评价较高,他称"该书阐述的是'永恒智慧'和通往'智慧之源'的途径,所以就连中国的一些学者也将《道德经》的地位置于四书五经之上,将其看做是智慧学说的根源"[44]。他为了证明中国人很早以前就有了对三位一体的认识,除了在《易经》中去寻找证据,也利用了《道德经》的名句。他认为,《道德经》对"道"的解释是:"'道生一,一生二,二生三,三生万物',这完全符合喀巴拉[46]的传统,毕达哥拉斯(原始神学家之一)正是吸取了其中的精华。'一'代表的是永恒的法则,即上主,由上主赐下的儿子,以及父亲和儿子共同创造出的圣灵,即第三个位格。"[47]由此,白晋认为"《道德经》中包含着可以与赫梅斯[48]的关于独一和三位一体的上主以及圣灵学说相比较的学说"[49]。然而,如果说白晋对于《道德经》的评价尚高的话,他对于道教(与佛教)则一如前人一样加以贬斥。他认为,"老子的学说在后来被'败坏'的道教滥用了"[50],并认为中国之"堕落"的部分原因是"于公元1世纪从印度而来的佛教在中国得到了传播"和"腐败的道教"[51]在中国的盛行。

马若瑟是白晋返法后招募的第二批入华的耶稣会士之一。他曾用拉丁文写了《中国古籍中之基督教主要教条之遗迹》一文,并遍寻中国的经书与古籍,旨在寻找与基督教教义一致的理论和依据。根据法国耶稣会士荣振华神父(Joseph Dehergne,1903—1990)于1974年"国际汉学研讨会"上的发言可知,马若瑟也曾研究过道教。他曾用拉丁文对《道德经》做过评注,并且用汉语写了一部叫作《三一三》的书[52],又根据《易经》和《道德经》而"与三位一体的基督教奥义作了比较"[53]。他还自认为从《道德经》第十四章"视之不见名曰夷,听之不闻名曰希,搏之不得名曰微"中发现了雅赫维(Yahweh,耶和华)的名字,并根据李荣对《道德经》的注释写成了一部关于三位一体的论著[54]。

傅圣泽于1698年随白晋自法国启程,次年抵达中国厦门。1711年,被康熙召至北京,协同白晋研究《易经》,1720年离开北京。然而,傅圣泽却对道教产生了浓厚的兴趣。他是"索隐主义最衷心不贰的拥护者"[55],写有《据古经传考天象不均齐》和《天象不齐考古经籍解》[56],将西汉严君平《老子指归》中的先祖、"国君"等同于《圣经》中的"人祖"亚当,将书中的"先显祖考"类比为《圣经》中的"造物主"(上帝),将"所废太初之宗庙"视为"崇丘肃敬之地"并将之对应于《圣经》中的"伊甸园"[57]。傅圣泽尤其重视探讨《道德经》的核心范畴——"道"。据称,他"长期以来就计划着写一篇关于这整部道教经典的索隐派解释"[58];他一反早前耶稣会士排斥道家和道教的态度,想要捍卫道教徒、反驳儒教徒,甚至认为"真正的儒教就是《道德经》的教义"[59];他选择"道"这个词来指称基督教的"神",并在自己一本书的标题中指出"'道'字系指我们基督徒最高的神——造物主上帝"[60]。

韩国英于1760年入华,在北京居住二十余年。1780年出版的《耶稣会士中国书简集:中国回忆录》(*Mémoires concernant l'histoire, les sciences, les arts, les mœurs, les usages, etc., des Chinois, par* les missionnaires de Pékin）第四卷收录了韩国英的一篇名为《有关道士"功夫"的说明》(Notice du Cong-fou des bonzes tao-sée) 的论文。文中称，道士们的"功夫"主要涉及两个方面：一是身体的姿势（主要有站姿、坐姿、睡姿），二是呼吸的方法。[61]为了让读者对"功夫"有更加直观的认识，韩国英还附图20幅，代表20种姿势，另以文字分别解释某种姿势的功效。如下图所示：

图4 韩国英对道士"功夫"的介绍[62]

对图4中的两个姿势，韩国英的解释为：治疗头晕眼花（图4左）；治疗头脑昏沉迟钝（图4右）。[63]

钱德明于1750年来华，先到澳门，后至北京，觐见了乾隆皇帝，深受其信任，此后长期供职于宫廷。他亦采用索隐派的观点解读《易经》，对道教亦无好感。1791年，《耶稣会士中国书简集：中

图5 钱德明

国回忆录》第十五卷载有钱德明的一篇论文——《关于道士的教派》(Sur la Secte des tao-sée)，文中如此评价道教："这曾是一个很出色的教派，可与儒士们的教派相媲美。但该派今天已名誉扫地，最终地受到了所有高雅之士的鄙视。因为自数个世纪以来，该派信徒中仅包括中华民族中最为卑劣之徒。"[64]此外，他又把道教描述成"一种神秘科学，一种巫术教理和一种召魂的科学"[65]。

第四节　传教士著述中对于道教认识的时代局限及其影响

综上所述，明清之际来华的传教士对于道教有了初步的认识，这些认识已经涉及道教的许多方面，如道教信仰、道教派别、道士群体、养生方法、天师制度、道士的组织和活动等，在一定程度上为法国后来的道教研究进行了前期积累，但这些认识具有其片面性和局限性。利玛窦制订的"合儒、补儒"的传教策略在其后的耶稣会士那里得到了很好的继承。传教士在儒道典籍中（道家典籍方面主要是《道德经》）寻找暗合基督教教义的蛛丝马迹，又几乎无一例外地视佛教和道教为迷信和偶像崇拜并加以批判。

这种态度导致道教在欧洲的形象极为负面。当时的欧洲人对于中国的了解主要来源于入华传教士寄回欧洲的报告和书简信札，例如，法国耶稣会士杜赫德（Jean Baptiste du Halde，1674—1743）即根据入华的法国耶稣会士的报告编成了著名的四卷本《中华帝国全志》(Description géographique, historique, chronologique, politique et physique de l'Empire de la Chine et de la Tartarie chinoise, 1735)。其中,《中华帝国全志》卷一对道教做了简要的介绍:

> [老君]承认有一个"至高无上的存在物",并说这就是"道"。老君在他所著的书中说,"道"没有一个适合的称谓,"道"虽无实体,却创造了天和地,"道"静而不动,却推动万物。老君的学说中最坏的部分,被他的弟子们进一步败坏。[66]

《中华帝国全志》卷三再次视道教和佛教为迷信,认为"前者滋生于中国内部的蜕化,后者是从外部输入的毒菌"[67],并称老子"似乎对神明(Divinité)有所认识",但仅仅是一种"相当模糊、粗俗的认识"[68],等等。总之,在《中华帝国全志》中,道教被描述为"一整套无稽之谈"[69]。

《中华帝国全志》一经出版,旋即轰动欧洲,成为18世纪欧洲了解中国重要的来源。当时欧洲的许多知识分子,如伏尔泰(Voltaire,1694—1778)、孟德斯鸠(Montesquieu,1689—1755)等,均通过此书了解中国。伏尔泰在其史学著作《风俗论》(Essai sur les mœurs et l'esprit des nations,1756)中如此介绍老子和道教:"孔子之前不久,老聃创造了一个相信魔鬼、符箓和方术的教派"[70],"老聃教派已把迷信引进人民精神生活中"[71];孟德斯鸠则称"老君教派声称掌握了制造黄金和使人长生不老的秘密。

这是一种巫术"[72]，"老君教派给中国造成不少麻烦"[73]。

由此可见，伏尔泰和孟德斯鸠对道教都进行了否定和贬斥。这种态度在当时欧洲知识分子群体中具有相当强的代表性。二人对中国的了解均来源于杜赫德《中华帝国全志》，而后者又主要是根据在华传教士的报告编撰而成。因此，可以说，一方面，入华传教士著述中对于道教的认识使得道教在当时欧洲的形象极其负面；同时，入华的索隐派传教士对于《道德经》的过度阐释一直到19世纪依然存在。这在19世纪初期法国经院汉学的鼻祖雷慕沙那里有着十分明显的体现。

注释

1　方豪：《中西交通史》（上），上海人民出版社，2015年，第58页。

2　张国刚：《明清传教士与欧洲汉学》，中国社会科学出版社，2001年，第82～84页。

3　张国刚：《明清传教士与欧洲汉学》，中国社会科学出版社，2001年，第80页。

4　转引自许明龙《欧洲十八世纪"中国热"》，外语教学与研究出版社，2007年，第62页。

5　胡安·冈萨雷斯·德·门多萨著，孙家堃译：《中华大帝国史》，译林出版社，

2014年，第20~39页。

6 胡安·冈萨雷斯·德·门多萨著，孙家堃译：《中华大帝国史》，译林出版社，2014年，第23页。

7 胡安·冈萨雷斯·德·门多萨著，孙家堃译：《中华大帝国史》，译林出版社，2014年，第23~24页。

8 胡安·冈萨雷斯·德·门多萨著，孙家堃译：《中华大帝国史》，译林出版社，2014年，第22页。

9 胡安·冈萨雷斯·德·门多萨著，孙家堃译：《中华大帝国史》，译林出版社，2014年，第20页。

10 胡安·冈萨雷斯·德·门多萨著，孙家堃译：《中华大帝国史》，译林出版社，2014年，第25页。

11 胡安·冈萨雷斯·德·门多萨著，孙家堃译：《中华大帝国史》，译林出版社，2014年，第22页。

12 张国刚：《明清传教士与欧洲汉学》，中国社会科学出版社，2001年，第85页。

13 图片来自百度百科。

14 转引自朱谦之《中国哲学对欧洲的影响》，上海人民出版社，2005年，第143~144页。

15 利玛窦、金尼阁著，何高济、王遵仲、李申译：《利玛窦中国札记》，中华书局，2010年，第104页。

16 金尼阁神父生于今法国北部的杜埃城（Douai），但1615年金尼阁在德意志的奥格斯堡出版由他整理并改写的《基督教远征中国史》时，在封面上自署"比利时人"。在金尼阁去世半个多世纪之后，其故乡杜埃城被法国征服并纳入法国版图，因而金尼阁多被视为法国人。

17 利玛窦、金尼阁著，何高济、王遵仲、李申译：《利玛窦中国札记》，中华书局，2010 年。1986 年台湾光启社亦出版了该书中文版，名为《中国传教史》。

18　参见利玛窦、金尼阁著，何高济、王遵仲、李申译《利玛窦中国札记》，中华书局，2010 年，第 87～99 页。

19　参见利玛窦、金尼阁著，何高济、王遵仲、李申译《利玛窦中国札记》，中华书局，2010 年，第 99～114 页。

20　利玛窦、金尼阁著，何高济、王遵仲、李申译：《利玛窦中国札记》，中华书局，2010 年，第 100～101 页。

21　利玛窦、金尼阁著，何高济、王遵仲、李申译：《利玛窦中国札记》，中华书局，2010 年，第 101 页。

22　利玛窦、金尼阁著，何高济、王遵仲、李申译：《利玛窦中国札记》，中华书局，2010 年，第 103 页。

23　利玛窦、金尼阁著，何高济、王遵仲、李申译：《利玛窦中国札记》，中华书局，2010 年，第 106 页。

24　利玛窦、金尼阁著，何高济、王遵仲、李申译：《利玛窦中国札记》，中华书局，2010 年，第 106 页。

25　巴多罗买（Bartholomew），耶稣十二门徒之一，在亚美尼亚传教时殉道，死状极为惨烈。

26　利玛窦、金尼阁著，何高济、王遵仲、李申译：《利玛窦中国札记》，中华书局，2010 年，第 106 页。

27　利玛窦、金尼阁著，何高济、王遵仲、李申译：《利玛窦中国札记》，中华书局，2010 年，第 105～106 页。

28　利玛窦、金尼阁著，何高济、王遵仲、李申译：《利玛窦中国札记》，中华书局，2010 年，第 106 页。

29　利玛窦、金尼阁著，何高济、王遵仲、李申译：《利玛窦中国札记》，中华书局，2010 年，第 107 页。

30　利玛窦、金尼阁著，何高济、王遵仲、李申译：《利玛窦中国札记》，中华书局，2010年，第108页。
31　利玛窦、金尼阁著，何高济、王遵仲、李申译：《利玛窦中国札记》，中华书局，2010年，第108页。
32　利玛窦、金尼阁著，何高济、王遵仲、李申译：《利玛窦中国札记》，中华书局，2010年，第109页。
33　利玛窦、金尼阁著，何高济、王遵仲、李申译：《利玛窦中国札记》，中华书局，2010年，第109页。
34　利玛窦、金尼阁著，何高济、王遵仲、李申译：《利玛窦中国札记》，中华书局，2010年，第109~110页。
35　利玛窦、金尼阁著，何高济、王遵仲、李申译：《利玛窦中国札记》，中华书局，2010年，第110~111页。
36　利玛窦、金尼阁著，何高济、王遵仲、李申译：《利玛窦中国札记》，中华书局，2010年，第111~112页。
37　利玛窦、金尼阁著，何高济、王遵仲、李申译：《利玛窦中国札记》，中华书局，2010年，第112页。
38　利玛窦、金尼阁著，何高济、王遵仲、李申译：《利玛窦中国札记》，中华书局，2010年，第110页。
39　参见李明著，郭强、龙云、李伟译：《中国近事报道（1687—1692）》，大象出版社，2004年，第255~275页。
40　李明著，郭强、龙云、李伟译：《中国近事报道（1687—1692）》，大象出版社，2004年，第261页。
41　李明著，郭强、龙云、李伟译：《中国近事报道（1687—1692）》，大象出版社，2004年，第261页。
42　李明著，郭强、龙云、李伟译：《中国近事报道（1687—1692）》，大象出版社，2004 年，第 261 页。

43　柯兰霓著，李岩译：《耶稣会士白晋的生平与著作》，大象出版社，2009 年，第 122 页。

44　柯兰霓著，李岩译：《耶稣会士白晋的生平与著作》，大象出版社，2009 年，第 132 页。

45　图片来自 360 百科。

46　喀巴拉（Cabbala）是犹太教的神秘主义体系，被认为是犹太人直接接近上帝的方式。

47　柯兰霓著，李岩译：《耶稣会士白晋的生平与著作》，大象出版社，2009 年，第 153 页。

48　赫梅斯（Hermes Trismegistos），原始神学家，亦作"赫米斯"等。

49　柯兰霓著，李岩译：《耶稣会士白晋的生平与著作》，大象出版社，2009 年，第 153～154 页。

50　柯兰霓著，李岩译：《耶稣会士白晋的生平与著作》，大象出版社，2009 年，第 131 页。

51　柯兰霓著，李岩译：《耶稣会士白晋的生平与著作》，大象出版社，2009 年，第 133 页。

52　谢和耐、戴密微著，耿升译：《明清间耶稣会士入华与中西汇通》，东方出版社，2011 年，第 428 页。

53　谢和耐、戴密微著，耿升译：《明清间耶稣会士入华与中西汇通》，东方出版社，2011 年，第 428 页。

54　谢和耐、戴密微著，耿升译：《明清间耶稣会士入华与中西汇通》，东方出版社，2011 年，第 428 页。

55　魏若望著，吴莉苇译：《耶稣会士傅圣泽神甫传：索隐派思想在中国及欧洲》，大象出版社，2006 年，第 133 页。

56 二书均藏于梵蒂冈图书馆。

57 陈欣雨:《"耶道对话"的新尝试——以傅圣泽〈据古经传考天象不均齐〉一文为参照》,《北京行政学院学报》,2015年第4期。

58 魏若望著,吴莉苇译:《耶稣会士傅圣泽神甫传:索隐派思想在中国及欧洲》,大象出版社,2006年,第201页。

59 谢和耐、戴密微著,耿升译:《明清间耶稣会士入华与中西汇通》,东方出版社,2011年,第430页。

60 谢和耐、戴密微著,耿升译:《明清间耶稣会士入华与中西汇通》,东方出版社,2011年,第430页。

61 Pierre Martial Cibot, *Notice du Cong-fou des bonzes tao-sée*, dans *Mémoires concernant l'histoire, les sciences, les arts, les mœurs, les usages, etc., des Chinois, par les missionnaires de Pékin*, Tome 4, Paris : Nyon l'aîné, 1780, p. 443.

62 Pierre Martial Cibot, *Notice du Cong-fou des bonzes tao-sée*, dans *Mémoires concernant l'histoire, les sciences, les arts, les mœurs, les usages, etc., des Chinois, par les missionnaires de Pékin*, Tome 4, Paris : Nyon l'aîné, 1780, p. 451.

63 Pierre Martial Cibot, *Notice du Cong-fou des bonzes tao-sée*, dans *Mémoires concernant l'histoire, les sciences, les arts, les mœurs, les usages, etc., des Chinois, par les missionnaires de Pékin*, Tome 4, Paris : Nyon l'aîné, 1780, p. 446.

64 Joseph-Marie Amiot, *Sur la Secte des tao-sée*, dans *Mémoires concernant l'histoire, les sciences, les arts, les mœurs, les usages, etc., des Chinois, par les missionnaires de Pékin*, Tome 15, Paris: Nyon l'aîné, 1791, p. 208. 译文引自谢和耐、戴密微著,耿升译《明清间耶稣会士入华与中西汇通》,东方出版社,2011年,第433页。

65 谢和耐、戴密微著,耿升译:《明清间耶稣会士入华与中西汇通》,东方出版社,2011年,第433页。

66 Jean Baptiste du Halde, *Description géographique, historique, chronologique, politique et*

physique de l'Empire de la Chine et de la Tartarie chinoise, Tome 1, Paris: P. G. Lemercier, 1735, pp. 348 – 349. 译文引自蓝莉著, 许明龙译:《请中国作证: 杜赫德的〈中华帝国全志〉》, 商务印书馆, 2015 年, 第 298 页。

67　蓝莉著, 许明龙译:《请中国作证: 杜赫德的〈中华帝国全志〉》, 商务印书馆, 2015 年, 第 297 页。

68　Jean Baptiste du Halde, *Description géographique, historique, chronologique, politique et physique de l'Empire de la Chine et de la Tartarie chinoise*, Tome 3, Paris: P. G. Lemercier, 1735, p. 16.

69　蓝莉著, 许明龙译:《请中国作证: 杜赫德的〈中华帝国全志〉》, 商务印书馆, 2015 年, 第 298 页。

70　伏尔泰著, 梁守锵译:《风俗论》(上册), 商务印书馆, 2016 年, 第 255 页。

71　伏尔泰著, 梁守锵译:《风俗论》(上册), 商务印书馆, 2016 年, 第 257 页。

72　孟德斯鸠著, 许明龙编译:《孟德斯鸠论中国》, 商务印书馆, 2016 年, 第 181 页。

73　孟德斯鸠著, 许明龙编译:《孟德斯鸠论中国》, 商务印书馆, 2016 年, 第 91 页。

第二章
19世纪法国汉学对道教的研究

进入19世纪以后，随着汉学在法国成为一门专门的学科并正式取得独立地位，法国对于道教的认识和研究开始出现与此前传教士时期不同的局面。虽然明清之际来华传教士们对于道教的认识以及贬斥的态度一直延续到19世纪，并对19世纪早期的法国汉学家产生了重要影响，但是，随着法兰西学院首任汉学教授雷慕沙翻译《太上感应篇》和节译《道德经》，法国汉学界开始正式关注道家和道教，并在这个领域走在了欧洲的前列，对英、德等国的道教研究产生了深远的影响。

第一节　19世纪法国汉学的正式确立

明清之际入华的欧洲传教士在传教之余，为了更好地了解中国，以便为传教活动服务，因此刻苦研习中国传统文化典籍，并将他们撰写的大量介绍中国各方面情况的著述和报告寄回欧洲。

这些材料成了欧洲人了解中国的重要来源,为法国后来的汉学研究积累了必要的材料。

汉学在法国正式确立的标志是 1814 年法兰西学院设立的世界上第一个汉学讲座,即"汉、鞑靼、满语言文学讲座"(*La Chaire de langues et littératures chinoises et tartares-mandchoues*),由当时年仅 27 岁的雷慕沙担任首任教授。法兰西学院设立汉学讲座是欧洲汉学之滥觞,意义非凡,"不仅使汉学在法国和欧洲大学里被公认为一门学问,更重要的是,它结束了传教士的中国研究,'开创'了国外'中国研究''近代'模式,使得国外的汉学研究具有了一种'完全不同的面貌',开始了西方汉学的一个新世纪"[1]。自此以后,在法国,甚至在整个欧洲,出现了一大批真正意义上的职业汉学家。与此同时,众多大学和研究机构,如巴黎东方语言学校(École nationale des langues orientales vivantes)、法国远东学院(École française d'Extrême-Orient)[2] 等相继开设了汉学课程。

自法国以后,欧洲其他国家如俄国(1851)、荷兰(1875)、英国(1876)、德国(1912)等均相继开设了汉学课程。此外,在 19 世纪法国还出现了一些汉学学会和汉学研究刊物,如雷慕沙与德国汉学家克拉普罗特(Julius Klaproth,1783—1835)于 1822 年共同创办的"亚洲学会"(Société asiatique),该会的会刊《亚洲杂志》(*Journal asiatique*)在汉学界极具影响力;此外还有法国汉学家亨利·考狄(Henri Cordier,1849—1925)与荷兰莱顿大学首任汉语教授施古德(Gustave Schlegel,1840—1903)共同创办的《通报》(*T'oung Pao*),这是 19 世纪末期出现的"第一份国际性的汉学杂志"[3],至今仍是极具国际影响力的汉学权威杂志。

第二节　19 世纪前期法国汉学对道教的研究

法国设立汉学讲座之后,汉学家的研究视野有所扩大。以雷慕沙为首的职业汉学家克服了明清之际入华传教士"重儒轻道"的弊病,开始正式关注道教。

一、雷慕沙:道家道教典籍译介和研究的先驱[4]

雷慕沙生于巴黎。从小聪明过人,11 岁就编写了一本神话小辞典。14 岁时,又制作了一份英国皇室的谱系及年表。他原本学习医学,后对植物学产生兴趣,偶尔看到中国的植物学书籍,欲读《本草纲目》,于是自学汉语和满语,此后便与汉学有了紧密的联系。在当时的法国,这些语言鲜为人知,但雷慕沙通过自学,

图 6　雷慕沙[5]

熟练地掌握了汉语和满语,并能够在汉学研究中精确运用。1811 年,年仅 23 岁的雷慕沙发表了《中国语言文学论》(*Essai sur la* langue et la littérature chinoises），这是他的第一篇关于中国语言文学的论文。该论文让雷慕沙崭露头角，名声大振。1813 年，雷慕沙又写了关于中医舌诊的论文而获得巴黎大学医学博士学位，开启了法国中医研究之先河。

1814 年，法兰西学院设立了世界上第一个汉学讲座，即"汉、鞑靼、满语言文学讲座"，由雷慕沙担任第一任汉学教授。雷慕沙也因此成为法国第一位职业汉学家。1815 年 1 月，雷慕沙做了题为《欧罗巴汉语研究的起源、进步和效用》（Sur l'Origine, les progrès et l'utilité de l'étude du chinois en Europe）的讲座，"使汉学成为一门学科，他本人也成了'首先使汉学成为专门学科'的学者"[6]。几年后，他又因在鞑靼语系各种语言和中国文学研究方面的成就而闻名于世。1816 年雷慕沙被委任编撰法国皇家图书馆所藏中文书籍的目录，目录中所列的书籍都是 18 世纪由中国赠送给法国皇家图书馆的。但这项工作并未能在雷慕沙手中完成。雷慕沙的研究成果多收入《亚洲杂纂》（Mélanges asiatiques）[7] 和《亚洲杂纂新编》（Nouveaux mélanges asiatiques）[8]，其中不少文章论述了亚洲的历史和语言。1822 年雷慕沙还与德国汉学家克拉普罗特（Julius Klaproth，1783—1835）共同发起"亚洲学会"，该学会的会刊在欧洲汉学界产生了重大影响。

雷慕沙博学多才，其汉学研究涉及中国语言、文学、宗教、哲学等多个方面，颇得后世称赞。其在汉语方面的成果，当首推 1822 年写成的《汉语语法基础》（Éléments de la grammaire chinoise）。该书在相当长时期内一直是西方人学习汉语的基础书籍，被视为欧洲首部适用的中文语法书，在法国汉语教学史上具有重要地位。文学方面，他翻译了《玉娇梨》（*Iu-kiao-li, ou les deux cousines*, 1826），首次全面地将这部中国清初的才子佳人小说介绍给了法国和欧洲的读者。宗教方面，雷慕沙对于中国的佛教和道教均有研究。其《佛国记》（*Foe koue ki, ou relation des royaumes bouddhiques par Chy Fa Hian*, 1836）是《法显传》的译注，由德国汉学家克拉普罗特在雷慕沙逝世后整理出版，被视为是第一部认真地致力于研究佛教的西方著作。关于道教，雷慕沙1816 年发表了《太上感应篇》的法文译本（*Le Livre des récompenses et des peines*）；1823 年发表论文《老子的生平及其学说》（*Mémoire sur la vie et les opinions de Lao-tseu, philosophe chinois du VIe siècle avant notre ère, qui a professé les opinions communément attribuées à Pythagore, à Platon et à leurs disciples*），文中选译了《道德经》第一、十四、二十五、四十一、四十二章[9]。1825 年雷慕沙又发表另一篇论文，即《关于老子的生平及其学说》（*Sur la Vie et les opinions de Lao-tseu, philosophe chinois du sixième siècle avant notre ère*），进一步探讨了老子的学说及其来源。除此之外，他还翻译了《论语》《大学》等儒家典籍。1832 年，雷慕沙因霍乱过早地去世，不得不说这是法国汉学界的重大损失。

（一）雷慕沙与《太上感应篇》

雷慕沙对于道教的研究始于 1816 年发表的《太上感应篇》的法文译本。《太上感应篇》是道教的经典著作之一，共计一千二百余字,主要借太上(即太上老君)之名,阐述"天人感应"和"因果报应",劝人行善积德。

该译本分为五部分:告读者;清朝福临皇帝(即顺治)为收录《太上感应篇》的《劝善要言》集书而亲自拟写的御制序言的法文译文(*Préface de l'Empereur, pour la collection des livres propres à exciter à la vertu*);《太上感应篇》原中国刊印者序言的法文译文;《太上感应篇》法文译本正文;注释(Notes)。

在"告读者"部分中,雷慕沙指出:"中国道士的形象在欧洲仅仅以其荒谬的传说和充满迷信的活动而为人所知。欧洲的传教士们常用充满贬斥之词如'无知''江湖骗术''诡计多端'等用以形容僧侣和道士。"[10]雷慕沙认为"老子的学说中存在着分属于不同等级的众多神灵、神仙及魔鬼",并说"人们可以通过我翻译的这本书(《太上感应篇》——笔者注)得知老子学说所宣扬的伦理思想"[11]。

这或许是雷慕沙翻译《太上感应篇》的动机之一,但从中可以看出当时的雷慕沙对于老子学说和道教发展历史的理解并不十分正确。他似乎是用后世道教的经典来分析老子的思想。雷慕沙还提出了翻译中国哲学、宗教书籍的计划,其中首先便是《道德经》,他认为它是帮助人们认识道教的重要书籍。

原作《太上感应篇》的每个句子都附以两三个短小的故事作为例子说明如果遵循《太上感应篇》的训诫并行善积德,就会得到奖赏,反之则会受到惩罚。雷慕沙并没有全译该书的所有故事,仅选译了最有代表性的十六则故事,例如:因不伤昆虫草木、"放生"积德、"不拆骨肉"等善行而得到疾病立愈、高寿、成仙、晚来得子、老有所依、获得升迁、子孙后代入翰林院等善报;因"填穴覆巢"[12] "伤胎破卵"[13]而遇蛇摔亡,原本前途无量但因霸人之妻而断送前程,因心生淫念而招致杀身之祸,因"无故杀龟打蛇"而致猝死等恶报。

雷慕沙所译《太上感应篇》的一大特点是其注释的丰富程度远远超过译文本身。译者参考的文献有《康熙字典》《礼记》《淮南子》《庄子》《孟子》《三藏法数》《石氏星经》等典籍,体现出他深厚的文献功底和学术素养。在必要时,雷慕沙讨论了儒、释、道思想及其相互关系,解释了中国传统文化;对于当时欧洲人极为陌生的道教文化,雷慕沙或直译,或先在译文中采取读者易于接受的译语,继而在注释中解释其历史渊源和宗教内涵,兼顾了译文的连贯性和准确性。例如,雷慕沙将"夺其纪算"中"纪、算"分别直译为"十二年"(douze ans)和"一百日"(cent jours)[14],后在注释中解释,二者都是道教对于时间的特有称谓[15]。再如,将"三尸神"译作"三个恶鬼、三条幼虫"(trois larves)。《云笈七签》卷八十一《庚申部》列"三尸三恶门","三尸"分别为"上尸(色欲门)、中尸(爱欲门)、下尸(贪欲门)","此三恶之门,一名石尸之道,一名三徒之界,常居人身中,塞人三关之口,断人三命之根,遏人学仙之路"[16]。《云笈七签》卷八十二《庚申部·三尸篇》又记"虫尸互名,参神乱鬼"[17]。法文中larve一词指"恶鬼、亡灵、鬼魂",也有"幼虫"之意,因此用来解释道教的"三尸"是恰当的。

总的来说，雷慕沙的《太上感应篇》法译本清晰明了、准确流畅，除了极少量的误译和漏译之外基本做到了忠实于原文，既兼顾了法文的表达方式，又解释了道教文化，有助于欧洲人通过这部道教劝善书来理解道教的信仰及教义。尤其可贵的是，该译本是《太上感应篇》在欧洲的第一个译本。

（二）雷慕沙与《道德经》

雷慕沙早在1816年翻译《太上感应篇》时即曾宣布计划翻译中国的哲学及宗教书籍，其中首先便是《道德经》，并认为它是帮助欧洲人认识道教的重要书籍。"只有翻译了《道德经》，我们才能有依据地评论道教。"[18] 当时的雷慕沙对《道德经》已经产生了浓厚的兴趣并有了初步的研究，但他翻译《道德经》的计划并未实现，而只是撰写了两篇论文：一是《老子的生平及其学说》（1823），二是《关于老子的生平及其学说》（1825）。

在1823年的论文中，雷慕沙从许多方面进行了分析，如"道"的含义，《道德经》的字数、内容、版本，老子的生平及其思想来源，老子与道教的关系，佛道关系等。他将《道德经》书名译为"*Le Livre de la raison et de la vertu*"，即"关于道（理性）和德的书"。他意识到全译《道德经》是极为困难的，因此选译了第一、十四、二十五、四十一、四十二章，认为它们是《道德经》"最显著的篇章"，必须理解其中蕴含的思想。

雷慕沙论文的副标题如此介绍老子："老子是公元前6世纪的中国哲学家，其思想可以归于毕达哥拉斯和柏拉图以及他们的弟子。"[19]这个观点决定了雷慕沙选译《道德经》的意图。他指出:"我无意探讨老子是否是伟大的形而上学家或者玄学家,我们也没有必要深陷于形而上学之中纠缠不清,我只关心老子是否从其他哲学家那里获取了思想。"[20]他认为,明清之际,来华传教士在《道德经》中寻找与基督教教义相吻合的文字,并发现了"三位一体",这固然是重要的发现;但传教士仅将这种发现"归于一种简单的猜想和假设"[21],欠缺说服力;他本人声称将为这种猜想和假设寻找有力的证据。为此,雷慕沙探讨了老子的生平传说,认为确有老子其人,老子西游的故事不应受到质疑:"一位来自中国的哲学家在公元前6世纪游历波斯和叙利亚等地,并非完全不可能的事。"[22]雷慕沙的得意门生儒莲也曾证实了老师的这种意图:"(雷慕沙)这篇论文意欲证明传教士的假设以及早在公元前6世纪中国和西方就有了往来。"[23]这种意图影响了雷慕沙对于《道德经》的理解和阐释,导致他将老子的思想与古希腊哲学进行牵强的比附。那么,雷慕沙如何"证明"老子《道德经》的思想可以归于毕达哥拉斯和柏拉图等哲学家,又如何将老子的思想与古希腊哲学相比附呢?

首先,雷慕沙认为《道德经》的"道"即古希腊哲学中的"逻各斯"和"理性":"'道'只能通过具有三重含义的希腊词'逻各斯'(λόγος)和它的派生词表达出来,除此别无恰当的翻译方法。这三重含义是'上帝''理性'及其'言语体现'。"[24]他认为"道"是柏拉图笔下那支配宇宙的"逻各斯",是古希腊斯多亚主义哲学家芝诺[25]、克里安雪斯[26]等人所宣称的"宇宙的理性"；也是新柏拉图主义者阿美琉斯[27]所谓的"上帝理性"之"存在"[28]。

其次，雷慕沙认为，"道生一，一生二，二生三，三生万物"一句体现了毕达哥拉斯关于"单子"（monade）和宇宙法则的思想；且"一、二、三"这几个数字"在老子和毕达哥拉斯那里都是一种形而上学和神学的表达方式"[29]。

再次，雷慕沙认为，在《道德经》第四十二章中，老子讨论宇宙起源的方式完全是"柏拉图式的"，因为他解释了"阴阳"两种物质如何通过"气"相连接并产生了"和"；而后来的古罗马历史学家塞勒斯特[30]的宇宙观念与此相似，因为塞氏认为世间万物均通过理性的作用而井然有序，又通过灵魂的作用而运动。古希腊评论家第欧根尼[31]将塞氏的这种思想上溯至毕达哥拉斯，因而"这种惊人的相似"或可证明老子的宇宙观念源于毕达哥拉斯。

最后，雷慕沙认为《道德经》第十四章是最适合用来探究老子思想来源的篇章。他宣称在"视之不见，名曰'夷'；听之不闻，名曰'希'；搏之不得，名曰'微'"一句中发现了"三位一体"，还认为"夷希微"的发音"i""hi""wei"（"雅赫维"）包含了"耶和华"（Jehovah）的名字：

> 三字词 I-hi-wei 或 IHV，正如我们所见，并非出自中文，所以寻找这个名称的源头是很有趣的。在我看来，我们可以毫无悬念地在印度寻找到相同的思想，但是阐述的方式

却是完全不一样的。在我看来，这个词实际上与 IAO 是一样的。正如我们所知道的，在基督教早期，几个东方教派有以"真知者"之名聚集在一起的传统，他们将太阳，或更准确地说，将以太阳为形象或象征的神命名为 IAO……从星相学角度看，IAO 这个词是三个代表行星的元音组成的，而且是以一个神秘的顺序排序。由太阳发射出的光线由 I 表示，在所有行星中，月亮是第一位由 A 代表，直到最后的土星由 Ω 表示。但这不过是一个次要的解释，是在东方引进希腊字母表后才找到的这样的解释：把 Iαω 变成希伯来语的四字词 יהוה，似乎更符合逻辑。教会的神父们也常常这样去解释这个词。赫西基奥斯（Hésychius de Jérusalem）用 ἰσχύν Ἰαω 来解释奥泽王（Osée）的名字，意指"上帝的力量"。圣·克莱蒙·亚历山大（S. Clément d'Alexandrie）坚信这个只为圣殿人士所知的神秘四字词是"ἰαου"，意思是"现在的及未来的"。奥利金（Origène, 185—253）用 Ἰαή 作为希伯来语 Adonaï（阿多尼斯）和希腊语 Κύριος（主）的对应语。狄奥多勒（Thédoret, 393—约457）说撒玛利亚人称神为 Iαõε，犹太人称神为 Aïά，据翻译者说是与 Iαω 一个意思。狄奥多·德·西西里（Diodore de Sicile，生于公元前1世纪）用 Iαω 来表示犹太人所称呼的神。根据雷瑙杜德（Eusèbe Renaudot, 1646—1720）的说法，在比布罗斯·德·菲隆（Philon de Byblos）翻译的桑收尼亚通（Sanchoniathon）的作品中，我们可以发现同样的神名被写成 Ιευώ。大抵是犹太人将这个名称传到了邻国，于是这个名称之后被引入到好些宗教教派和哲学教派中，但意思出现了些许差异……

　　然而，这个著名的名称最准确的翻译出现在一本中文书中，这是非常值得注意的；因为老子表达出了希腊人用他们的字母无法表达出来的神韵。此外，就像大部分古代人的作品一样，在《道德经》中出现的这个四字词被缩短为三个字符……有没有可能那些向柏拉图和老子传述过他们三段论思想的哲学家，不论是哪个国家的，他们都曾试图象征性通过三个字母的单词来表述，表述存在的三个过程，现在的，曾经的，未来的，或者是三个主要属性，生存，智慧与生活？……对于这些问题，我们做出了这样一个回应：在中国古籍中出现了一个希伯来语或叙利亚语的单词是十分奇怪的，这个事直到现在都鲜为人知……

　　……但是这个名称在《道德经》中被保存得如此之好，以至于我们可以这么判断，那就是中国人就是要比希腊人更好地理解了或者说翻译了这一观点或定义，这确实是非常特别的情况。至少对于我来说，我就不可能怀疑《道德经》中翻译的正确性，我确信以这个形式出现的三字词绝对不会来自于叙利亚，而这一点，正是最好的证据，证明了毕达哥拉斯思想和柏拉图思想确实是从希腊被引入到中国的……[32]

　　总结雷慕沙的推理可知，他认为 IHV（夷希微）这个"外来词"正是"耶和华"的名字,从而"证明"了老子《道德经》中确实存在与基督教教义相吻合的思想,这些思想来源于西方哲学家。

通过以上种种推论,雷慕沙相信自己成功地证明了明清时期来华传教士的设想,也认为自己的研究比传教士更有说服力。1825年,雷慕沙又在《亚洲杂纂》上发表《关于老子的生平及其学说》的论文,进一步确认了以上观点。

综上所述,雷慕沙基本沿袭了传教士对于道教的贬斥态度,仍视道教为"多神教、偶像崇拜、迷信、巫术";然而,当欧洲主要的汉学家局限于研究《道德经》时,他已率先翻译《太上感应篇》,开启了道教劝善书在欧洲的译介与传播,这有助于欧洲人通过此书认识道教,此乃一大创举。同时,雷慕沙的研究依然具有较大的局限性。

首先,他于道教经籍中寻找基督教教义的做法比传教士"走得更远"。他处处将《道德经》与西方宗教和哲学进行比附,并从毕达哥拉斯及柏拉图的哲学思想中找寻道家及道教思想根源的做法导致了他对中国历史和文化起源的错误认识。

其次,雷慕沙的观点往往前后矛盾。例如,他在1823年论文《老子的生平及其学说》中指出,道士们为了凸显道教的优越性而编撰了众多故事将老子神化,这些故事荒诞离奇、概不可信;但是,为了支撑他所谓的"老子思想应归结于毕达哥拉斯、柏拉图等哲学家"这一观点,他又相信老子西游、老子化胡等故事的真实性,等等。对于雷氏的这种矛盾性,有学者指出:"雷慕沙所热衷追求的与其说是想证明中国人原本也存在神学观念，毋宁说是道家宗师的思想与毕达哥拉斯和柏拉图等古希腊先哲同出一源。"[33]可见雷慕沙的研究在很大程度上未能突破明清之际来华传教士的窠臼，依然体现了相当浓厚的文化偏见和时代局限色彩。这些偏见和局限受到了后世汉学家的批评，例如，法国比较文化大师艾田蒲（René Étiemble，1909—2002）在为《道家哲学家》（*Philosophes taoïstes*，1980）所作的序言中指出，19世纪以前的传教士以及雷慕沙关于"夷希微"的解释实质上是"犹太基督教的帝国主义"（impérialisme judéo-chrétien）和"欧洲中心论"（européocentrisme）[34]的表现。

（三）雷慕沙道教研究的影响

虽然雷慕沙的道教研究受时代所限，但是他对于欧洲的道教研究却做出了重大的贡献。在19世纪早期欧洲的道教研究和道经译介中，雷慕沙走在了时代的前列。他激发了欧洲人对道教及道教典籍的好奇心，西方人从此开始正式关注道教。

在英国，从时间上看，雷慕沙的《太上感应篇》法译本比英译本早了14年；他选译《道德经》，使法国成为19世纪西方最早翻译《道德经》的国家，也使得"英国人的《道德经》翻译比法国人至少要晚45年"[35]。从内容上看，雷慕沙将《道德经》译作 *Le Livre de la raison et de la vertu*，该译法被英国19世纪新教传教士模仿，如传教士汉学家艾约瑟（Joseph Edkins，1823—1905）便将《道德经》译为 *Book of Reason and Virtue*[36]，二者如出一辙。

在法国,首先,雷慕沙直接影响了他的弟子儒莲的道教研究。儒莲长期追随雷慕沙,在很多方面继承并完善了老师的研究。与其师相同,儒莲的道教经典译介和道教研究亦始于翻译《太上感应篇》。但他认为,雷慕沙仅翻译了原作的十六则故事,此事令人遗憾,因此于1835年出版了《太上感应篇》的法文全译本,翻译了四百多个传说和历史故事,极大地丰富了译本的内容。另外,儒莲于1842年出版了《道德经》法文全译本,实现了雷慕沙的理想。他借鉴了雷慕沙的某些翻译手法,修正了雷慕沙关于"夷希微"的观点,比较正确地翻译了《道德经》的内容,因此儒莲译本至今仍被大多数汉学家视为最佳译本。这表明欧洲对道教有了更深入的认识,"在法国道教研究史上有着开拓性的意义"[37],儒莲亦成为19世纪欧洲最伟大的汉学家。如果说儒莲是在巨人的肩膀上前进了一步而成为汉学巨擘,那么雷慕沙则当之无愧是为其奠定基础的巨人。其次,雷慕沙还开拓了法国汉学道教研究的基本方法。他在法兰西学院主持的汉学讲座和专题研究使法国汉学从诞生之日起便具有严谨的学院式作风,其重视汉学文献及语言研究的方法得到后代汉学家的继承。作为法国汉学研究的分支,法国的道教研究至今仍然十分重视文献研究及道经译介这一传统方法。"法国汉学研究的语言、文字和文献研究积累及方法体系是道教学者进入道教的文献及历史传统的必由之路。"[38]由此可见,雷慕沙对于今日法国道教研究在国际上所占据的重要地位起到了开拓性和奠基性的作用。

在德国，雷慕沙的道教研究同样产生了重大影响。由于德国的汉学起步较晚，直到20世纪初才正式进入德国的大学，因此19世纪上半叶的德国人要从事汉学研究通常仅有两种选择，一是自学，二是去巴黎学习。被誉为"德国汉学家中研究道教的第一人"[39]的克拉普鲁斯便是如此，他被雷慕沙的汉学讲座所吸引，到达巴黎后从事汉学研究，与雷慕沙共同发起"亚洲学会"，1828年用法文翻译出版了满语本《太上感应篇》，1833年"发表其用法文撰写的'论中国的道士宗教'（*De la Religion tao-szu en Chine*）一文，宣称他在《道德经》中发现了犹太影响之痕迹"[40]。可见雷慕沙对于克拉普罗特的直接影响。另外，学者库尔茨（Heinrich Kurz，1805—1873）曾于1827年在巴黎师从雷慕沙学习汉语，并于1830年翻译了《太上感应篇》，是"长期以来唯一的德译本"[41]。哲学家黑格尔（Georg Wilhelm Friedrich Hegel，1770—1831）关于中国宗教的史料主要来源于法国，"特别是包括耶稣会传教士和诸如雷慕沙那样的汉学家们的著作"[42]；他对老子和道家的认识直接来源于雷慕沙对《道德经》的翻译和阐释：他曾于1826年在法国科学院出席了雷慕沙的一次报告会，阅读了雷氏《老子的生平及其学说》一文。这"直接影响了黑格尔对老子和道家的认识"[43]，使黑格尔接受了雷慕沙关于老子和道家的部分观点。基于此，有学者认为："老子的'形上学'思想……经过作为中介的雷缪萨（指雷慕沙。——笔者注），而间接地影响了西方德国的古典哲学集大成者黑格尔。"[44]从这个意义上讲，雷慕沙的道教研究也促使中国的道家哲学对西方哲学产生了间接的影响。

综上所述，雷慕沙是法国第一位经院汉学家，他的道教研究使法国在道经译介和道教研究领域走在了欧洲乃至世界的前列。法国之所以能成为西方道教研究的中心，这与其筚路蓝缕之功不无关系。他是19世纪欧洲翻译《太上感应篇》的第一人，并率先尝试翻译《道德经》，这在当时完全是领先之举。他的研究使西方汉学界开始正式关注道教，并为19世纪法、英、德等国研究道教做了很好的铺垫。他重视汉学文献的研究方法，成为法国道教研究乃至整个法国汉学界的基本研究方法。他对道教和《道德经》的解释使得中国传统文化对于西方哲学也产生了间接的影响，并在道教文化西传的过程中扮演了媒介的角色。

诚然，雷慕沙沿袭了明清之际来华传教士对于道教的贬斥和偏见，并将老子的思想与古希腊哲学和基督教进行了牵强的比附，体现了浓厚的"欧洲中心论"和"基督教至上"的时代局限，其不少观点在今天看来都是不客观、不正确的。但须知，雷慕沙生活的时代距今已有两百余年，在中西缺乏交流的时代背景下，某些误读和偏见不可避免，换言之，文化交流往往始于误读和偏见。雷慕沙的道教研究虽有局限，但这恰恰激起了欧洲人对于道教的热烈讨论，反而有助于欧洲人客观认识道教。无论从哪方面来说，作为法国经院汉学鼻祖的雷慕沙都是19世纪欧洲道经译介和道教研究的先驱，以及中西交流早期道教形象在欧洲的塑造者、道教文化的阐释者和道教典籍的译介者，也是法国道教研究从明清来华传教士时代过渡到20世纪的科学研究时代，对道教由知之甚少到知之甚多、由偏见到客观、由批判贬斥到科学认识的过程中的承上启下的重要人物。

二、鲍狄埃：《道德经》法译史上的突破[45]

让·皮埃尔·纪尧姆·鲍狄埃于1826年开始学习东方语言，曾学习梵语。几年后，鲍狄埃决心从事汉学研究，并跟随法兰西学院首任汉学讲席教授雷慕沙学习汉语。但他一进入这个领域，便引起了雷慕沙的高足儒莲的敌意。后者学识渊博，却因脾气暴躁、大权独揽而著称，常与从事汉学研究的同事们争吵，鲍狄埃就曾被他当成攻击对象。

鲍狄埃翻译了不少中国（及印度）哲学和宗教典籍，涉及儒家、道家和道教。以其著作出版的时间来看：1831年，鲍狄埃为《亚洲杂志》撰写了长篇论文《论老子所创"道"之教义的起源和传播》(*Mémoire sur l'origine et la propagation de la doctrine du Tao, fondée par Lao-tseu*)，文中将《搜神记》之"道教源流"译为法文。1837年，他翻译了儒家典籍《大学》(*Ta-hio, le premier des Quatre Livres moraux de la Chine*)。随后，鲍狄埃在阅读来华传教士的著述过程中，对老子哲学产生了极大的兴趣，遂决心翻译《道德经》。其时，儒莲已经在翻译此书，而鲍狄埃宣称他于1838年完成了欧洲首个《道德经》法文全译本[46]。1840年，鲍氏又翻译出版了《东方圣书》(*Les Livres sacrés de l'Orient*)，其中包括《书经》(*Chou-king*)、《四书》(*Sse-chou*)、《摩奴法典》(*Les Lois de Manou*)、《古兰经》(*Koran*)。此外，他的《中国图识》

(*Chine, ou description historique, géographique de ce vaste empire*, 1837) 亦为他赢得了较高的声望。1859 年,鲍狄埃成为"巴黎民族志学会"(Société d'ethnographie de Paris)的会员。1873 年鲍狄埃逝于巴黎。

(一) 鲍狄埃翻译《搜神记》之"道教源流"

在 1831 年撰写的论文《论老子所创"道"之教义的起源和传播》中,鲍狄埃将《搜神记》之"道教源流"译为法文。他评价《搜神记》"算不上是关于老子思想的理性或评论著作,它实乃一部搜集了民间流传的关于老子传说的集子;但正因如此,该书才更显珍贵,因为人们可以从中发现最原始、最古老的道教信仰观念"[47]。此外,该论文中还包含《道德经》的部分篇章的汉法对照译文,以及两篇《吠陀经》的梵文、法文、波斯文翻译。

该论文的副标题明确指出,论文对印度梵文典籍和《道德经》做了评述,以"确立中国某些哲学思想与印度思想的相同性"(établissant la conformité de certaines opinions philosophiques de la Chine et de l'Inde)。在论文的引言中,鲍狄埃又开宗明义道:"本文旨在说明老子思想的来源,以及其与印度某些哲学体系的同一性(identité)"[48],随后又在正文中进一步明确:"本论文的主要目的是在印度去重新寻找老子或者至少是老子信徒的思想。"[49]

纵观鲍狄埃的道家道教研究著述,几乎无一例外地将老子及道教教义归于印度。鲍氏何以会有这样的"奇思妙想"? 实际上,早期欧洲汉学家往往习惯于在中国以外的国家寻求关于中国文明、历史起源的内容，而这种研究方法可以追溯到明清之际来华传教的法国耶稣会士索隐派。他们从传教的宗旨出发，竭力在中国古籍中寻找与基督教教义相符的蛛丝马迹，如白晋即称"中国历史典籍中记载的洪水就是《圣经》中的大洪水"，"中国人就是诺亚长子闪的后裔"[50]；马若瑟则宣称在《道德经》中发现了"耶和华"的名字，可谓"达到走火入魔的程度"[51]；钱德明在翻译该章"视之不见，名曰'夷'；听之不闻，名曰'希'；搏之不得，名曰'微'"时宣称在"夷希微"中发现了"三位一体"。鲍狄埃的老师雷慕沙依然沿袭了耶稣会士的旧见，甚至在索隐的道路上比前者走得更远。他曾在《论老子的生平及其学说》一文中提出"老子的思想可以归于毕达哥拉斯和柏拉图以及二者的弟子们"，并结合老子西游等传说，宣称证明了之前的耶稣会士的论断[52]。

对于这个早期汉学研究中的命题，鲍狄埃也进行了思考：

> 雷慕沙先生在其论文《论老子的生平及其学说》中，曾指出老子思想与毕达哥拉斯和柏拉图思想之间的相似关系。那么，这些相似关系源于何方，产生于何处？是老子借鉴了希腊哲学家们的思想，还是正好相反？如果说当时的交流因为如此遥远而显得如此困难，那么，又是什么中介物将老子和希腊哲学家们联系起来呢？抑或，是否存在一个二者共同的来源？若是，我们应当去哪里寻找这个源头？曾经有一位

知名学者指出,我们首先应当确定的是,是否应当在印度这个产生了世界上众多思想观念的地方,或者巴比伦、波斯、腓尼基,去探寻中国思想的源头和起点。因此,本论文将力求解决、或者至少澄清这些问题。[53]

可见,鲍狄埃认为老子的思想来源于印度。他指出:"如果雷慕沙先生否认《道德经》中存在着印度思想的痕迹,那么他的论文《老子的生平及其学说》必将显得轻率。因为按照他的观点,老子的思想与某些古希腊哲学家的思想之间具有惊人的相似性。既然如此,这种相似性在老子思想和印度思想之间也同样可能存在。"[54]

为了证明这种观点,鲍狄埃处处将老子的思想与印度的宗教哲学思想相比附,具体而言,体现为以下几方面。

1. 关于"道"和"玄"

鲍狄埃认为,《道德经》称"同谓之玄""玄之又玄",这说明老子用"玄"字指称天地的起源"道"或先于宇宙存在的"最高神"(divinité suprême),它具有"黑色"(noir)的意象,或指"蓝色、黑色之神"(divinité bleue, noire)[55]。而他认为"玄"字系由 Krichna 翻译而来[56]。Krichna 意为"黑色",是印度的"黑天神"。同时,鲍狄埃又在中国辞书中寻找"证据"。他指出,《康熙字典》对"玄"字的解释为"北方神",传说中这位神居于昆仑山,从地理上讲昆仑山位于中国的西北、西藏以北。《搜神记》之"道教源流"有记载,谓昆仑山恰是老子的退隐之地。因此鲍氏认为老子极有可能是在昆仑山上接受并学习了印度的宗教和哲学；此外，"北方神"从字面意义上讲，应是蒙古之神，而蒙古的宗教信仰也来自印度；鲍狄埃于是推断"北方神"——"玄"——实乃印度的"黑天神"。

2. 关于"有"和"无"

鲍狄埃将"有"和"无"分别译为法文单词"Être"（存在、本质）和"Rien"（无），并认为这两个词分别对应于《吠陀经》中的"Sat"（有）和"A-sat"（无）。

3. 关于"阴"和"阳"

鲍狄埃认为，"阴"和"阳"二字的字面意思为"阴暗"和"明亮"，中国人用它们来表示"静止的事物"和"运动的事物"，或者"被动的因素"和"积极的因素"。这二者对应于印度数论哲学[57]（Sânkhya）中的两种基本要素和基本概念——Prakriti（原质）和Pouroucha（原人）[58]。此外，"阴、阳"还是《易经》的理论基础，《易经》深奥至极，连中国人自己也未必理解，因此《易经》最初也极有可能是由印度引进而来[59]。

4. 关于"大梵"

《搜神记》之"道教源流"云："道君造皇帝曰：昔天地未分，阴阳未判，濛洪杳冥，溟涬大梵，寥廓无光。结圣自然中有百千万重正气，而化生妙无圣君，历尊号曰妙无上帝自然元始天尊，一号天宝丈人。"鲍狄埃认为这段文字对于探寻老子的思想来源十分重要，因为作为"道君"的老子在此处使用了"大梵"用以指称世间万物的主宰；而"大梵"正是印度教三大主神之一梵天（Brahma）的汉译名称。"倘若这段文字真实可靠，那么，老子思想的来源便可确定了……（实际上）以上整段文字均来自印度，正是《吠陀经》中关于宇宙起源的描述。"[60]

5. 关于老子的生平传说

首先，鲍狄埃认为从老子诞生的传说中可以明显看到印度神毗瑟弩（Avatâra）化身（Incarnation）的故事。其次，鲍狄埃认为老子西游的故事真实可信。他指出，《搜神记》之"道教源流"中记载的传说："按老子传记，自开辟之前下至殷汤，代代为王者师，皆化身降世。当殷汤四十七年庚申始示诞生之迹，自太清常道境，乘太阳日精，化五色玄黄，大如弹丸，时玉女昼寂流入口中，吞之有孕，怀八十一岁，至武丁九年庚辰剖玉女左腋而生，生而色白，号曰老子。生于李树之下，指树曰：此吾姓也。名耳，字伯阳。自殷武丁九年庚辰下至秦昭王九年西升昆仑，计九百九十六年矣。"这纯粹是"印度式"的，其中的"神奇成分"占了主导地位，因此"它几乎就是印度佛陀的故事，只不过发生在老子身上而已"[61]。另外，他指出，在老子退隐、老子西游的传说中，有部分内容乃依据历史记载而成，这让人相信老子到了印度并从印度的宗教或某个哲学派别中吸收了养分而形成了他的思想或者他的部分思想："一个似乎比较确切的事实便是：老子曾经游历了中国西部以外的地区。在这些地区中，他应该不会错过当时亚洲最令人惊奇，也是文明程度最高的国家——印度。"[62]

6. 关于老子的思想

鲍狄埃认为，老子的思想也与印度某些典籍所宣扬的思想十分相似。例如，老子主张抛弃欲望，弃绝所有使内心不宁、灵魂不安的事物，提倡使民无知；他认为圣人应处在"无为"（Inaction）的状态之中，这也就是印度人所称的 Nivritti[63]，即"回转到内里心灵之路或真实意图"。他告诫人们勿念过往、勿忧来日，他斥责人们对于财富和荣誉的欲念以及所有扰乱内心安宁的想法。"所有这些老子的思想和主张都在印度的《吠陀经》等经典中有所记载。"[64]

通过以上比较，最后，鲍狄埃以较肯定的语气得出以下结论：

（1）老子的思想及道教的信仰观念是从印度借鉴而来，主要与印度的数论哲学和吠檀多[65]（Védânta）以及二者的分支相联系；

（2）老子的思想并非起源于中国，老学研究应置于印度的思想体系中进行；

（3）老子的思想在《道德经》中得以集中体现，对于《道德经》的完整翻译和全面分析或许将进一步肯定以上（1）、（2）两种观点；

（4）印度是东方几乎所有文明和信仰的发源地，这些文明和信仰后来传到世界各地。[66]

综上可见，鲍狄埃翻译《搜神记》之"道教源流"、对照翻译中印典籍，皆为证明"老子的思想来源于印度"的观点。他与雷慕沙的观点看似大相径庭，实则均将老子的思想归于中国以外的来源。

(二) 鲍狄埃与《道德经》

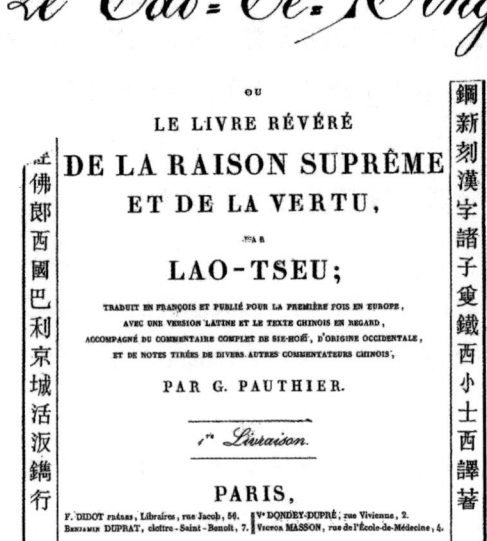

图 7　鲍狄埃《道德经》法译本

在 1831 年发表的《论老子所创"道"之教义的起源和传播》一文中,鲍狄埃已将《道德经》第一、六、十四、四十二章译为法文[67]。他高度称赞《道德经》,指出《道德经》是道教徒眼中的"真教":"《道德经》之于道教徒,就如同《吠陀经》之于婆罗门、《圣经》之于犹太人、《古兰经》之于穆斯林、《福音书》之于基督徒。"[68] 1838 年，鲍狄埃宣称全译了《道德经》，书名为 *Le Tao-te-king, ou le livre révéré de la raison suprême et de la vertu*，即"道德经：关于最高理性和美德的书"，并宣称该译本是《道德经》在欧洲的第一个法文全译本。

关于鲍狄埃与《道德经》，笔者试从以下四方面分析。

1. 鲍狄埃的《道德经》译本是否为欧洲首个法文全译本？

这个问题关系到是鲍狄埃还是其竞争对手儒莲在欧洲率先全译了《道德经》。在鲍狄埃《道德经》译本的扉页上，鲍氏自称"为欧洲首个全译本"，但该译本仅包含《道德经》前九章的译文。译本末页称此为《道德经》译本的第一册，"译本的第二册正在印刷之中，全书译本将不会超过五册或六册"[69]。或许正因为此，学界多视鲍狄埃的译本为第一个法文全译本，如许光华《法国汉学史》称法国《道德经》的第一部法文全译本是 1838 年乔治·鲍狄埃（Georges Pauthier）[70] 的译本[71]，日本学者福井文雅《欧美的道教研究》称"首次（用法语）翻译的《老子》全译本是在 1838 年，译者为乔治·波蒂埃（Georges Puthier）[72]"[73]，林富士《法国对中国道教的研究》一文称"1838 年，第 1 部完整的法译本问世"[74]。而法国著名的比较文化大师艾田蒲在为《道家哲学家》（*Philosophes taoïstes*，1980）所作的序言中则显得极为谨慎，他仅称儒莲的译本为"第一个严谨的法译本"[75]。而法国道教学者马塞伦在《道教研究文献目录》（*Bibliographie du Taoïsme*，1898）中称鲍狄埃的《道德经》译本"并未完成"（non terminé)⁷⁶。由此观之,笔者倾向于采用马塞伦的说法,认为鲍氏的《道德经》法译本仅是节译本。

2. 鲍狄埃对于《道德经》第一章以及"道"的理解

在1831年《论老子所创"道"之教义的起源和传播》一文中,鲍狄埃分析了儒家的"道"与老子的"道",认为二者的含义和性质均不相同。他指出,孔子的"道"并不指"神"或"神性"(divinité),而指"美德之道"(voie de la vertu)、"至善至美之道"(chemin de la perfection)、"正义之感"(sentiment du juste),是规范人们行为的伦理准则⁷⁷;而老子的"道"具有比孔子的"道"更高的含义,因为老子的思想里有更多的宗教印迹和"神"的印迹,此"神"高于人类,其力量无穷无尽。老子的"道"受到了神化,它是"最高的智慧、最原始神圣的理性"(l'intelligence, la raison suprême et primordiale)⁷⁸。

较之于1831年,在1838年发表的《道德经》译本中,鲍狄埃的理解趋于深刻。他指出《道德经》第一章是全书最晦涩、最具争议的篇章。他认为,该章"是全书的开场白和序言,表现出了人类智慧所构想的最高层次的形而上学"⁷⁹;老子在该章中将他的"道"定义为"第一因"(cause première)、"万物的起源"及"生命的性质";老子借"道"来指称"第一因",但同时又将它的含义上升到"支配世界的最高智慧"(souveraine intelligence directrice)、"最原始、最神圣的理性"(raison primordiale suprême),就如同柏拉图等古希腊哲学家宣称的λόγος(逻各斯)⁸⁰。老子的"道"是"最初的存在及本质"(être primordial),

他在解释"道"的性质时,除了"永恒性""不变性""绝对性"以外,没有任何多余的用词;老子认为在"道"的哲学属性中,仅有这三者是最根本的;而他同时又认为这三种属性又不够完整,因此他继而认为"道"既是"无"(Non-être, rien),与"有"(Être)相对;它又是"有",与"无"相对[81]。

鲍狄埃还指出,老子将"道"或者"第一因"的性质定为"永恒性、不变性"之后,人们便可以将"道"区分为"两种性质"或"两种存在模式"。在第一种性质中,"道"是"无"(non-être),是天地的本源,此所谓其"神圣性"、"无限性"(nature illimitée)、"无形性"(incorporéité);在第二种性质中,"道"是"有、存在"(être),它是万物之母,此所谓其"可感知性、有形性"(nature corporelle phénoménale)、"有限性"(nature limitée)、"物质性"(corporéité)。由"道"的第一种性质——"神圣性"产生了所有的精神活动,而第二种性质——"可感知性"则使所有的物质得以存在。这两种性质具有共同的来源,二者结合便构成了"道",即"最初的理性"(raison primordiale)或"最神圣的法则"(principe suprême)[82]。

纵观鲍狄埃的论述,他并未用某一个特定的语词来翻译"道",而是用"最高的智慧""最原始神圣的理性""最神圣的法则"等来解释"道",这明显受到其师雷慕沙的影响。雷慕沙就曾将"道"比作"逻各斯"(λόγος),也曾将"道"译为"理性"(raison)。除此以外,鲍狄埃也常常直接采用 le Tao 进行音译。

3. 鲍狄埃眼中的"夷希微"

如果说鲍狄埃在理解"道"的过程中确曾受到过雷慕沙的影响，那么，他在"夷希微"的理解上则与雷慕沙分道扬镳。对于雷慕沙将《道德经》第十四章中"夷希微"的发音等同于"耶和华"的看法，鲍狄埃并不赞同："在三个连续的句子中分别取三个字而形成一个发音，这是让人无法接受的。"[83]然而，他认为可以在印度典籍中找到"夷希微"的含义，而并非雷慕沙宣称的"并非出自中文"（见上文"雷慕沙"部分。——笔者注）。

诚然，鲍氏认为该章"解释了'三重性的统一'或'三重性的象征'"[84]，但他并未像雷慕沙那样到古希腊哲学中寻求解释，而是转向了印度的宗教哲学。他根据《河上公章句》，为《道德经》第十四章加上了章名"赞玄"，法译为 *Le Noir défini*，并称"玄"即为"印度神黑天的标志和属性"（des attributs de Krichna）[85]。他说："《道德经》第十四章与印度《娑摩吠陀》（Sâma-Véda）[86]的记载十分相似，甚至相同。"[87]

他还提出：《道德经》第十四章中体现的"三重统一"，先是由"原初的统一"（unité primitive）产生"二元"（dualité），继而随着"精气"的作用而形成。这种思想观念在很多国家和民族中广泛存在，这说明远古时期的哲学和宗教思想具有一个共同的来源。在鲍狄埃看来，这个来源即印度[88]。这样一来，老子向印度的宗教哲学吸收了养分并体现在《道德经》中便不足为奇了。于是，鲍氏主张"要对《道德经》这样一部晦涩而简短的著作做出更好的评价，或许有赖于深入研究印度的哲学和宗教体系，尤其是数论和吠檀多"[89]。

4. 鲍狄埃对于《道德经》注本的使用

对于哲学书籍的翻译，难点在于精准地解释哲学词汇。鲍狄埃面临的是汉语这样一门象征性极强的语言，又是《道德经》这样一部晦涩的作品，翻译工作可谓难上加难。幸而鲍狄埃参考了《河上公章句》、薛蕙《老子集解》、焦竑《老子翼》等《道德经》注本，且相当重视："若是没有中国注解家的注疏，我们就无从解释《道德经》。"[90]这也是鲍狄埃在翻译和解读《道德经》时不同于前人之处。

《道德经》原书并无章名，而鲍狄埃以《河上公章句》为依据，在每章译文前均加上章名及其译名。译文各章均先以梗概（argument）介绍主旨，继而是《道德经》汉语和拉丁语文本对照，随后或直接继之以译文，或在译文前插入注本的评论。鲍狄埃所译《道德经》共九章，章名分别是：

"体道"——Du Tao ou principe suprême（"道"或神圣法则）；

"养身"——De l'Amélioration de soi-même（个人的改善）；

"安民"——De la Pacification du peuple（安抚人民）；

"无源"——De l'Origine du non-être（"无"的起源）；

"虚用"——De l'Usage du vide（利用"虚无"）；

"成象"——De l'Image du parfait（完美之象）；

"韬光"——Lumière du caché（隐藏的光亮）；

"易性"——Nature du facile（"易"之性质）；

"运夷"——Mouvement circulaire des êtres（生命的周期性运动）。

(三) 评价鲍狄埃的研究

首先,从 1831 年的《论老子所创"道"之教义的起源和传播》到 1838 年的《道德经》节译本,不厌其烦地在印度宗教和哲学典籍中寻找老子思想源于印度的证据,从借用梵语指称《道德经》的核心术语到采用《道德经》的注本进行原文的翻译和诠释,鲍狄埃对于中国道家和道教的认识经历了一个渐趋客观的过程。

在研究早期,鲍狄埃时刻不忘将《道德经》与《吠陀经》等印度典籍进行对照比附,并仅由中印宗教哲学之间存在相似性这一现象即得出中国文明源于印度的结论。这确实过于轻率武断、不甚严谨。而后,在《道德经》的节译本中,他或许对此有所反思,提出"应该对《道德经》进行深入的分析,以发掘其中的核心思想,并确定这些思想属于老子本人,或是如雷慕沙所谓的归于毕达哥拉斯和柏拉图,抑或是本人主张的归于印度"[91]。实际上,在当时的欧洲,如鲍狄埃这样进行比附的汉学家并非少数,与其将此归为汉学家本人的研究方法,毋宁说这正体现了 19 世纪早期欧洲对中国文明仍感陌生、缺乏了解的事实。

其次,鲍狄埃的《道德经》节译本由于编排繁复,汉语、拉丁语、法语时常混杂,译文佶屈聱牙,故而欧洲汉学界对它的评价并不高;加之儒莲对于鲍狄埃的排挤和打击,更使该译本影响甚微。然而,平心而论,鲍狄埃对于《道德经》的哲学阐释不乏真知灼见;此外,他在法国较早采用了参照《道德经》权威注本的方法翻译《道德经》，体现了初步的科学意识，这也是法国汉学界《道德经》译介史上的革新和突破。就连认为鲍狄埃译本"不值一提"的儒莲亦采用了这种方法，并最终完成了《道德经》第一个法文全译本，并受到极高的评价。可以说，法国汉学重视文本文献的传统的形成和巩固与此不无关系。

总而言之，鲍狄埃对于中国道家和道教的研究是19世纪欧洲对于中国缺乏了解之状况的真实写照，既存在时代的局限，又在一定程度上激发了欧洲汉学界对于《道德经》和道教的好奇与讨论，促进了道家和道教文化在欧洲的传播。

三、儒莲：法国全译《道德经》第一人

儒莲是雷慕沙的得意门生，法国籍犹太汉学家。1832年雷慕沙去世时，儒莲作为其优秀学生，继承了雷慕沙在法兰西学院的汉学教授席位，1833年又成为法国铭文和美文学院（Académie des inscriptions et belles-lettres）的成员，1839年任皇家图书馆管理人，1859年成为法兰西学院的行政负责人。

儒莲翻译了大量中国典籍，成绩斐然，其汉学成就涉及中国语言、文学、宗教、哲学诸多方面。哲学和宗教方面，他翻译了道家和道教之《老子道德经》《太上感应篇》，佛教之《大慈恩寺三藏法师传》《大唐西域记》。

儒莲虽未到过中国，但却精通中文。他被誉为19世纪欧洲最杰出的汉学家之一。为了纪念儒莲的巨大成就，法国铭文和美

文学院于 1872 年以他的名字设立了"儒莲奖"(Prix Stanislas Julien),用以表彰那些在汉学研究领域取得卓越成就的学者,该奖素有"汉学界的诺贝尔奖"之美誉。

虽然儒莲汉学成就卓著,但人们对他的性格和人品颇有微词,如法国汉学家戴密微(Paul Demiéville,1894—1979)便称他"妒忌、易怒、好争吵,独揽大权,排斥对手,个性'令人讨厌'"[93]。他耻笑同窗学友鲍狄埃的《道德经》译本"不值一提",而鲍狄埃则指责儒莲剽窃了他的译文。两人均因宣称各自的译本为"欧洲第一"而争吵不休,并一度引发了法国汉学史上的一桩笔墨官司。

图 8　儒莲[92]

(一)儒莲翻译《太上感应篇》

1835 年,儒莲在"伦敦亚洲学会"(Société asiatique de Londres)和"东方翻译基金"(Oriental Translation Fund)的资助下翻译出版了《太上感应篇》(*Le Livre des récompenses et des peines*)。促使儒莲翻译此书的原因是他认为"极有必要翻译那些流传最广、能帮助我们了解中国人的历史、宗教、风俗、习惯、文学的著作"⁹⁴，而《太上感应篇》便是这样的著作。儒莲指出，在《太上感应篇》中，道士们借"太上"之名（神圣的老子——他们奉之为道教的祖师爷）宣扬劝善思想，足见他们对这部道教经典的无上尊崇。儒莲介绍了《太上感应篇》的流传情况，指出在明代隆庆和万历年间，道教徒们撰写了大量道教经书，这些经书被收录于一部叫作《道藏》的道经总集中，但其中没有任何一部经典具有如《太上感应篇》那样的权威和声望，频繁地一版再版⁹⁵。但即便《太上感应篇》流传如此之广，却极少有人将其作为谋利的手段。因为当时宣传此书的思想被民众视为必须履行的基本宗教义务之一和让自己能够得偿所愿的最佳途径⁹⁶。为刊印《太上感应篇》而自愿募捐的人甚众，他们或捐资捐纸，或出力刊印，大量的《太上感应篇》被免费分发给无力购买的穷苦人家。据儒莲自叙，他手里便有一部清嘉庆二十五年（1820）刊印的《太上感应篇》，该书末尾记载了142位协助该书出版的虔诚人士的姓名⁹⁷。

儒莲的《太上感应篇》法译本分为四部分：一、告读者；二、《太上感应篇》刊印者前注；三、中法对照译文；四、附录。该译本内容极其丰富，信息量大，不仅翻译了《太上感应篇》原文，亦翻译了四百余个传说、轶事、历史故事。儒莲指出雷慕沙仅翻译了其中十六则故事是令人遗憾的事情，他认为全译这些故事是十分必要的："我丝毫不否认其中的某些故事看上去十分幼稚甚至荒谬可笑，但实际上所有的故事均有助于人们从中发现某种宗教的观点、某种风俗习惯或是某种迷信思想。倘若将它们省去而不加翻译，恐怕会遗漏了属于人类精神史上的珍贵资料。"[98] 该译本通常以《太上感应篇》原文的每一小句为单位，汉法对照，相应的注释和评论紧随其后，继而配以具体的历史故事作为例证。与雷慕沙一样，儒莲对于欧洲人难以理解的中国古代文化、道教文化所特有的事物、神灵、星辰等，均先在译文中采用易于读者理解的方式进行翻译，又在注释中以大量篇幅进行详细的解释。

（二）儒莲翻译《道德经》

儒莲评价《道德经》"受人尊敬、古老、深邃、高雅"[99]，并于1842年完成了《道德经》法文全译本（*Le Livre de la voie et de la vertu*）。对于《道德经》的核心概念"道"，儒莲的老师雷慕沙认为"道"是"理性"，是"逻各斯"。儒莲则认为"不能将'道'视为'最原始的理性'、或者那创造并支配世界的'最高灵智'"[100]。儒莲将"道"译为 Voie（道路、途径、方法），偶尔也音译为 Tao。他指出，依据文本可知，"道"的含义大致有二：一是"最崇高的道路"（voie sublime）；二是对于"道"的模仿及无为、无思和无欲。

儒莲还对传教士尤其是雷慕沙的观点进行了修正。在儒莲之前，明清之际来华的传教士与雷慕沙时时刻刻将《道德经》与古希腊哲学相比附，而儒莲则明确表示："我无意将老子的思想与柏拉图及其弟子相比附……我亦提醒专治哲学史的学者们在进行此类奇特而自大的对比时务必谨慎处之。"[101] 此外，他还认为，明清耶稣会士和雷慕沙在研究《道德经》时遇到的困难较少来自中国的语言或该书的主题，根本还在于他们所采取的阐释方式[102]。对此，儒莲明确提出："我们应在古代思想家的作品中发掘它们实际包含的内容，而不是人们想要发现的内容。"[103]

儒莲翻译《道德经》时至少使用了八种注本，其中不乏权威注本。其所用的注本有《河上公章句》、葛长庚《道德宝章》、王一清《道德经释辞》[104]、王弼《道德经注》[105]、薛蕙《老子集解》、纯阳真人《道德经释义》、焦竑《老子翼》、僧人德清《道德经解》。

（三）儒莲道教研究的影响

儒莲的道教研究主要体现为翻译道家和道教典籍。继雷慕沙之后，儒莲重译了道教善书《太上感应篇》，不仅翻译了《太上感应篇》的原文，还完整地译出了原书的注解和所附的故事共487则，整个译本共计531页，如此体量的译著在欧洲汉学史上也是少见的。此译本在法国乃至欧洲更加全面地介绍了《太上感应篇》的思想以及中国的道教文化。

儒莲还为法国乃至欧洲贡献了第一个《道德经》全译本。这个全译本的影响极大，为儒莲和法国汉学赢得了极高的声誉。由此，儒莲与雷慕沙一道奠定了19世纪上半叶"法国汉学界在道教研究及道教经籍译介方面在西方的领先地位"[106]。儒莲更重要的影响在于他在翻译《道德经》的过程中所采取的阐释方式以及所体现出的科学精神。儒莲之前的研究者往往将《道德经》牵强地附会于基督教文化和古希腊哲学，而儒莲则不然。他主张参照《道德经》权威注本，提出对待古代作品的正确态度是"寻找它们实际包含的而不是人们想要发现的内容"，这体现了儒莲的客观态度。总之，儒莲的《道德经》译本是《道德经》外译史上的重要里程碑。

儒莲上承雷慕沙开启的《道德经》译介活动，下启后世汉学家对道家和道教的科学研究，是法国汉学史尤其是法国道家和道教研究史上的重要人物。

第三节　19世纪后期法国汉学对道教的研究

法国自1814年开办汉学讲座以来，在早期汉学家尤其是雷慕沙和儒莲师徒的努力下，法国汉学在19世纪上半叶居于欧洲领先地位，但到了19世纪下半叶，英、德等国的汉学研究后来居上，大有赶超法国之势。然而，这一时期，法国的道教研究仍持续发展，研究视野继续扩大，如：在关注《道德经》的同时，也注意到了其他道家典籍如《庄子》《列子》《淮南子》，并出现了这些典籍的零散译文；同时，还出现了《阴骘文》《山海经》等道教典籍的首个欧洲译本；此外，亦有学者开始尝试整理道教文献。但这一时期的汉学家普遍将道家和道教进行对立和二元式的划分，多称赞道家而贬斥道教。

一、罗斯奈：道教典籍翻译及道家和道教的二元划分

罗斯奈少年时代便对亚洲文明产生了浓厚的兴趣。1852 年进入巴黎东方语言学校，学习多种语言。1863 年成为该校的第一位日语教师。1859 年与人合创"民族学会"（Société d'ethnographie），1862 年曾任日本驻法国大使馆翻译。后担任法兰西学院人种学教授。1886 年，罗斯奈被任命为法国高等研究学院（École des hautes études）的校长助理，并讲授远东宗教课程。他曾任巴黎"亚洲学会"的秘书，也是"伦敦亚洲学会"的会员。1873 年曾于巴黎组织首届"东方学者国际大会"（Congrès international des orientalistes）。

罗斯奈对远东哲学和宗教研究亦有较高造诣，其中涉及中国的道教。他对道教经籍的译介始于 1856 年，是年他将《阴骘文》译为法文。这是《阴骘文》的第一个法文和欧洲译本[107]。其中，罗斯奈介绍了《阴骘文》的内容，并指出，老子的思想被后世歪曲："几个世纪以来，道士们如此巨大地改变了他们的祖师爷老子的思想，以至于他们的道教到了今天仅仅成为了'错乱的神秘主义'（mysticisme déréglé）。"[108] 1874 年罗斯奈写成《中国古代及近代经典》（Textes chinois: anciens et modernes traduits pour la première fois dans une langue européenne）一书，其中包括 1856 年已经发表的《阴骘文》的法文译文，以及《庄子·逍遥游》的法语译文。这是法国汉学家首次尝试翻译《庄子》。

1885 年罗斯奈完成了《山海经：中国古代地理》（Chan-hai-king, antique géographie chinoise），这是《山海经》的首个外文译本。罗斯奈评价《山海经》是世界上最早的地理书，但该书长期以来未受到欧洲学者的重视。罗斯奈指出："欧洲的汉学家们在中国文学文献研究领域确已取得了巨大成功，但一直未能翻译《山海经》。究其原因，或许是由于书中充斥着大量神奇荒诞的故事和叙述。"[109]他认为像《山海经》这样的书籍也应当得到研究，因为"如果蔑视并排斥这样的古代书籍，那么这就意味着不仅几乎所有的古希腊罗马典籍应被束之高阁，并且我们也不应使用中世纪的文献"[110]。但罗斯奈的译本为节译本，主要翻译的是《山海经》地理学方面的内容。

1892年，罗斯奈完成《道家》[111]（*Le Taoïsme*）一书。该书对《道德经》、道家哲学、老子生平、道教等做了全面而深入的探讨，这是罗斯奈对道家和道教研究的总结性力作。

罗斯奈的《道家》一书由九部分组成，分别是：

"道家的起源"（Les Origines du Taoïsme）；

"老子的生平"（La Vie de Lao-tseu）；

"道德经及其历史"（Le Texte du Tao-Teh King et son histoire）；

"老子的注解家"（Les Commentateurs de Lao-tseu）；

"'道'的定义"（La Définition du Tao）；

"老子的哲学"（La Philosophie de Lao-tseu）；

"道德经的伦理和政治"（La Morale et la politique du Tao-Teh King）；

"老子的后继者"（Les Successeurs immédiats de Lao-tseu）；

"道教"（Le Taosséisme）。

罗斯奈指出应使用不同的词语翻译"道家"和"道教"。他认为，"'道家'仅仅是老子的学说和哲学，与所谓的'道教'全然不同"[112]。因此，罗斯奈明确指出，他在该书中用"Taoïsme"指称老子以及某些被称为自然主义的哲学思想，即"道家"，用"Taosséisme"指称道士的信仰，即"道教"[113]。

在该书中，罗斯奈认为确有老子其人、《道德经》一书的真实性无可置疑[114]。他探讨了《道德经》书名的由来、篇章划分、版本以及主要的注解本。关于核心概念"道"，他认为该字包含多种含义，"几乎是不可译的（intraduisible）"[115]，但他认为可以用"神"（Dieu）翻译"道"，并在翻译《道德经》第一章时用"神"（Dieu）替换"道"[116]，并认为自己的译文表达了老子的思想。除了"道"，罗斯奈还介绍了老子的"无为""小国寡民"等主张以及谴战态度。在介绍"老子的后继者"时，罗斯奈明确指出"不应将道家的几位杰出代表与低俗的江湖术士混为一谈"[117]，其所介绍的老子的后继者的著作有《关尹子》《列子》《庄子》《文子》《尹文子》《淮南子》。其中，罗斯奈介绍了德国人花之安（Ernst Faber, 1839—1899）的《列子》德译本[118]并翻译了《列子·天瑞》篇的部分内容[119]，又参考了英国汉学家巴尔福（Frédéric-Henry Balfour, 1846—1909）的《庄子》英译本并翻译了《庄子》的某些片段[120]。罗斯奈为《淮南子》卷七《精神训》做了简短的注释，但实际上只翻译了该篇的部分内容[121]，这在法国尚属首次。此后，罗斯奈再次强调，"道家"和"道教"

是两个不同的概念，并对道教持否定态度，"与其说道教教化民风、开化民智，不如说它使民心愚蠢"[122]，"道教是价值不大的宗教（religion de bas aloi）"[123]，等等。

综上所述，罗斯奈的《道家》一书可谓法国道教研究史上的第一部详细论述《道德经》及道家哲学的专著。此外，罗斯奈还首次翻译了《阴骘文》和《山海经》，对于前人所未涉及的《列子》《庄子》《淮南子》亦开始部分翻译和研究。他明确区分道家和道教，但又对于二者进行二元式的划分。这种态度影响了其学生马塞伦的道教研究，在19世纪后期的欧洲颇具代表性。

二、马塞伦：初涉道教及研究文献

马塞伦是罗斯奈的学生，1893年担任民族学会副主席。马塞伦几乎继承了其师罗斯奈的所有关于道家和道教的观点。1898年，马塞伦在"民族学会"和"巴黎日本学会"（Comité sinico-japonais de Paris）的共同资助下出版了《道教研究文献目录》（*Bibliographie du Taoïsme*，1898）。这是一部珍贵的资料集，内容主要分以下几部分。

（一）序言

在序言中，马塞伦介绍，他将自己所能搜集到的所有有关老子的研究成果集于此书："一是关于严格意义上的道家（Taoïsme）的书籍、论文和文章，二是建立在老子道家哲学基础上，并极大地改变了道家哲学面貌的道教（Taosseïsme）的研究成果"[124]。

(二) 引言

马塞伦介绍了早期道家哲学的经典。同其他汉学家一样,马塞伦也绕不开对于"道"的讨论。对此,他的观点与其师罗斯奈相似,认为"道"几乎是"不可译"(intraduisible)的,因为欧洲语言中没有与"道"的对应词,而且研究道家的学者们自身亦尚未能给出充分的解释[125]。对此,马塞伦推荐读者参考其师罗斯奈于1892年出版的著作《道家》,并转引了罗氏对于《道德经》第一章的翻译,还肯定了罗氏认为《道德经》体现了"神"的观念的看法[126]。对于老子与后世道教的关系,马塞伦的看法亦与其师罗斯奈一致,在贬斥道教之时流露出强烈的优越感,如"我们应该宽容地对待可怜的黄种人,因为他们的教育落后于我们欧洲人的教育,因此不能较好地开启他们的智力,因而他们也不懂得道教巫术的荒谬、愚蠢和真相"[127];"道教只是低级的粗俗宗教,它甚至未能理解自身赖以立教的哲学"[128]。

马塞伦在引言中大量引述了其师罗斯奈《道家》一书中的看法。他的《道教研究文献目录》一书并无多少创新的观点,其价值在于他搜集并整理了东西方出版的道家、道教研究文献(汉语、日语、满语、英语、法语、德语、意大利语等)——道教研究文献目录。

(三) 道教研究文献目录

这是该书最重要的内容,由两部分构成。第一部分为欧洲的道教研究著作，包括：（1）按照出版时间先后顺序罗列的欧洲道教研究的书籍和小册子；（2）含有道教资料的著作；（3）发表于某些研究学会、会议、年鉴、报刊、杂志等的译文、论文和论述。第二部分为东方的道教研究著作，主要是中国和日本学者的道教论述。

（四）道家、道教著名人物介绍

该部分介绍了与道家、道教相关人物的生平、著作、传说、神仙，如老子及《道德经》、庄子及《南华经》、黄帝及《阴符经》等。马塞伦如此大规模地介绍道家、道教人物和神仙，在法国道教研究史上尚属首次，对于帮助西方人了解道教的经典、人物、神仙有着十分重要的作用。

（五）道家哲学典籍节选

除了介绍儒莲翻译的《道德经》若干章之外，马塞伦还介绍了德国汉学家花之安翻译的《列子》各章标题，并将这些标题译为法文，又以简洁的术语作为副标题高度概括每章的内容。对于《庄子》，马塞伦提到英国汉学家巴尔福的《庄子》英译本，并节选了若干片段译为法文。

（六）部分欧洲东方学者的生平及研究成果

该部分整理了从传教士时代到作者生活时代的部分欧洲东方学家的生平及道教研究著作。马塞伦的这些整理工作让法国从事道教研究的学者对于从传教士时代到19世纪末期西方道教研究的成果一目了然。

第四节　19世纪法国汉学对道教研究的特色及其影响

19世纪是法国汉学正式确立并迅速发展的时期。雷慕沙翻译《太上感应篇》，选译《道德经》，标志着法国汉学界开始正式关注和研究道教。纵观19世纪，法国汉学对道教的研究呈现出以下几个特点。

首先，19世纪前期的部分法国汉学家沿袭了明清之际来华的法国传教士对于《道德经》和道教的态度和认识，仍体现出相当浓厚的"欧洲中心论"和基督教至上的色彩。雷慕沙对于道教的否定和贬斥、在《道德经》中寻找"三位一体"和"耶和华"名字的痕迹，以及鲍狄埃在印度的宗教哲学中寻求道家和道教文化的源头，其共同点均是将道家和道教文化来源归于中国之外。这种情况直到儒莲完成《道德经》法译本方得以改善。

其次，19世纪上半叶的法国汉学家对于道教的研究主要表现为翻译《道德经》和《太上感应篇》，这两部典籍是当时汉学家关注的主要对象。19世纪前期法国汉学家对道家和道教典籍的翻译走在了时代的前列，处在欧洲的领先地位。至19世纪下半叶，法国汉学家除了继续关注《道德经》以外，还将研究视野扩大至《阴骘文》《庄子》《列子》《山海经》《淮南子》等典籍；但除了《阴骘文》有全译本以外，其他典籍的翻译都不成体系；与此同时，英、德等国的道教研究后来居上，法国亦向他国借鉴了翻译和研究成果。此外，19世纪下半叶法国汉学家已开始注意收集、整理道教文献和道教研究资料,为法国道教研究奠定了文献基础。

再次,19世纪的法国已有汉学家开始意识到《道德经》权威注本的作用并在翻译过程中引入权威注本,这标志着《道德经》法译史的革新和突破。尤其是儒莲倡导的阐释方式反映出法国汉学家已具备研究道教的客观意识。这促使法国逐步走上科学研究道教的道路。

总之,虽然19世纪法国的道教研究还算不上严格意义上的现代科学研究,但这段时期的研究上承明清之际入华传教士对于道教的认识,下启20世纪法国对于道教的科学研究,有着举足轻重的地位。

注释

1 许光华:《法国汉学史》,学苑出版社,2009年,第91页。
2 该学院前身是1898年法国在越南设立的"印度支那考古团",1900年考古团更名为"法国远东学院",1902年迁至河内,1956年迁至巴黎。
3 许光华:《法国汉学史》,学苑出版社,2009年,第100页。
4 本部分内容是笔者在已发表论文的基础上提炼而成的,参见张粲《法国经院汉学鼻祖雷慕沙的道教研究》,《宗教学研究》,2017年第1期。
5 图片来自百度百科。

6 许光华：《法国汉学史》，学苑出版社，2009 年，第 102 页。

7 该书于 1825—1826 年分两卷出版。

8 该书于 1829 年出版。

9 日本的福井文雅及中国的许光华教授认为雷慕沙共节译了 4 章《道德经》，笔者认为是 5 章，其中应包含《道德经》第十四章。

10 Abel Rémusat, *Avertissement*, dans *Le Livre des récompenses et des peines*, Paris: Imprimerie de Doublet, 1816, p. 1.

11 Abel Rémusat, *Avertissement*, dans *Le Livre des récompenses et des peines*, Paris: Imprimerie de Doublet, 1816, p. 3.

12 指"填塞虫蚁居住的洞穴，翻倒禽鸟栖息的鸟巢"。

13 指"伤害动物的胞胎，破坏它们的蛋"。

14 Abel Rémusat, *Le Livre des récompenses et des peines*, Paris: Imprimerie de Doublet, 1816, p. 22.

15 Abel Rémusat, *Le Livre des récompenses et des peines*, Paris: Imprimerie de Doublet, 1816, p. 40.

16 明《道藏》本：《云笈七签》卷八十一。

17 明《道藏》本：《云笈七签》卷八十二。

18 Abel Rémusat, *Avertissement*, dans *Le Livre des récompenses et des peines*, Paris: Imprimerie de Doublet, 1816, p. 7.

19 原文为：Philosophe chinois du VIe sièle avant notre ère, qui a professé les opinions communément attribuées à Pythagore, à Platon et à leurs disciples。

20 Abel Rémusat, *Mémoire sur la vie et les opinions de Lao-tseu, philosophe chinois du VIe siècle avant notre ère, qui a professé les opinions communément attribuées à Pythagore, à Platon et à leurs disciples*, Paris: Imprimerie Royale, 1823, p. 21.

21 Abel Rémusat, *Mémoire sur la vie et les opinions de Lao-tseu, philosophe chinois du VIe*

siècle avant notre ère, qui a professé les opinions communément attribuées à Pythagore, à Platon et à leurs disciples, Paris: Imprimerie Royale, 1823, p. 2.

22　Abel Rémusat, *Mémoire sur la vie et les opinions de Lao-tseu, philosophe chinois du VIe siècle avant notre ère, qui a professé les opinions communément attribuées à Pythagore, à Platon et à leurs disciples*, Paris: Imprimerie Royale, 1823, p. 13.

23　Stanislas Julien, *Introduction*, dans *Le Livre de la voie et de la vertu*, Paris: Imprimerie Royale, 1842, p. V.

24　Abel Rémusat, *Mémoire sur la vie et les opinions de Lao-tseu, philosophe chinois du VIe siècle avant notre ère, qui a professé les opinions communément attribuées à Pythagore, à Platon et à leurs disciples*, Paris: Imprimerie Royale, 1823, p. 24.

25　芝诺（Zénon，约前336—约前264），公元前300年左右于雅典创立斯多亚学派。

26　克里安雪斯（Cléanthe，前330—前232），芝诺的学生，斯多亚学派的早期代表人物之一。

27　阿美琉斯（Amélius，生卒年不详），新柏拉图主义哲学家。

28　Abel Rémusat, *Mémoire sur la vie et les opinions de Lao-tseu, philosophe chinois du VIe siècle avant notre ère, qui a professé les opinions communément attribuées à Pythagore, à Platon et à leurs disciples*, Paris: Imprimerie Royale, 1823, pp. 24-25.

29　Abel Rémusat, *Mémoire sur la vie et les opinions de Lao-tseu, philosophe chinois du VIe siècle avant notre ère, qui a professé les opinions communément attribuées à Pythagore, à Platon et à leurs disciples*, Paris: Imprimerie Royale, 1823, p. 39.

30　塞勒斯特（Salluste，前86—前35），古罗马政治家，历史学家。

31　第欧根尼（Diogène de Laërte），公元3世纪初期古希腊诗人，评论家，传记作家。

32　雷慕沙著，陈新丽、王雅婷译：《论老子的生平与学说》，《国际汉学》，2018年第4期。

33　华澜著，程乐松译：《法国道教研究简史》，载朱越利主编：《理论·视角·方法：海外道教学研究》，齐鲁书社，2013年，第52页。

34　René Étiemble, *Préface*, dans *Philosophes taoïstes*, Paris: Gallimard, 1980, p. XXX.

35　俞森林：《中国道教经籍在十九世纪英语世界的译介研究》，巴蜀书社，2015年，第110页。

36　李新德：《明清时期西方传教士中国儒释道典籍之翻译与诠释》，商务印书馆，2015年，第393页。

37　许光华：《法国汉学史》，学苑出版社，2009年，第109页。

38　程乐松：《借镜与对话——汉学视野中的法国道教研究》，载朱越利主编：《理论、视角、方法：海外道教学研究》，齐鲁书社，2013年，第19页。

39　陈耀庭：《道教在海外》，福建人民出版社，2000年，第201页。

40　俞森林：《中国道教经籍在十九世纪英语世界的译介研究》，巴蜀书社，2015年，第91页。

41　郑天星：《德国汉学中的道教研究》（一），《中国道教》，1999年第3期。

42　谢和耐、戴密微等著，耿升译：《明清间耶稣会士入华与中西汇通》，东方出版社，2011年，第271页。

43　许光华：《法国汉学史》，学苑出版社，2009年，第105页。

44　高正：《老子的"道"与黑格尔的"绝对理念"》，《哲学动态》，1998年第9期。

45　本部分内容是笔者在已发表论文的基础上提炼而成的，参见张粲《19世纪法国汉学家鲍狄埃与道家和道教》，载《汉学研究》，2019年春夏卷。

46　鲍狄埃的《道德经》译本是否为欧洲首个全译本，将于下文探讨。

47　Guillaume Pauthier, *Mémoire sur l'origine et la propagation de la doctrine du Tao, fondée par Lao-tseu*, Paris: Imprimerie de Dondey-Dupré, 1831, p. 23.

48　Guillaume Pauthier, *Introduction*, dans *Mémoire sur l'origine et la propagation de la doctrine du Tao, fondée par Lao-tseu*, Paris: Imprimerie de Dondey-Dupré, 1831, p. 1.

49　Guillaume Pauthier, *Mémoire sur l'origine et la propagation de la doctrine du Tao, fondée par Lao-tseu*, Paris: Imprimerie de Dondey-Dupré, 1831, p. 11.

50　柯兰霓著，李岩译：《耶稣会士白晋的生平与著作》，大象出版社，2009 年，第 122 页。

51　张西平：《中国与欧洲早期宗教和哲学交流史》，东方出版社，2001 年，第 327 页。

52　详见笔者拙文《法国经院汉学鼻祖雷慕沙的道教研究》，《宗教学研究》，2017 年第 1 期。

53　Guillaume Pauthier, *Introduction*, dans *Mémoire sur l'origine et la propagation de la doctrine du Tao, fondée par Lao-tseu*, Paris: Imprimerie de Dondey-Dupré, 1831, p. 1.

54　Guillaume Pauthier, *Mémoire sur l'origine et la propagation de la doctrine du Tao, fondée par Lao-tseu*, Paris: Imprimerie de Dondey-Dupré, 1831, p. 29.

55　Guillaume Pauthier, *Mémoire sur l'origine et la propagation de la doctrine du Tao, fondée par Lao-tseu*, Paris: Imprimerie de Dondey-Dupré, 1831, p. 46.

56　Guillaume Pauthier, *Mémoire sur l'origine et la propagation de la doctrine du Tao, fondée par Lao-tseu*, Paris: Imprimerie de Dondey-Dupré, 1831, p. 39.

57　数论是印度哲学的一个派别，被认为是最古老和最重要的流派之一。

58　Guillaume Pauthier, *Mémoire sur l'origine et la propagation de la doctrine du Tao, fondée par Lao-tseu*, Paris: Imprimerie de Dondey-Dupré, 1831, p. 8.

59　Guillaume Pauthier, *Mémoire sur l'origine et la propagation de la doctrine du Tao, fondée par Lao-tseu*, Paris: Imprimerie de Dondey-Dupré, 1831, p. 12.

60　Guillaume Pauthier, *Mémoire sur l'origine et la propagation de la doctrine du Tao, fondée par Lao-tseu*, Paris: Imprimerie de Dondey-Dupré, 1831, p. 7.

61　Guillaume Pauthier, *Mémoire sur l'origine et la propagation de la doctrine du Tao, fondée par Lao-tseu*, Paris: Imprimerie de Dondey-Dupré, 1831, p. 24.

62 Guillaume Pauthier, *Mémoire sur l'origine et la propagation de la doctrine du Tao, fondée par Lao-tseu*, Paris: Imprimerie de Dondey-Dupré, 1831, p. 24.

63 Guillaume Pauthier, *Mémoire sur l'origine et la propagation de la doctrine du Tao, fondée par Lao-tseu*, Paris: Imprimerie de Dondey-Dupré, 1831, p. 49.

64 Guillaume Pauthier, *Mémoire sur l'origine et la propagation de la doctrine du Tao, fondée par Lao-tseu*, Paris: Imprimerie de Dondey-Dupré, 1831, p. 49.

65 吠檀多（Védānta），正统的古印度六派哲学之一，是影响最大的一派。

66 Guillaume Pauthier, *Mémoire sur l'origine et la propagation de la doctrine du Tao, fondée par Lao-tseu*, Paris: Imprimerie de Dondey-Dupré, 1831, pp. 49–50.

67 译文分别见于 Guillaume Pauthier, *Mémoire sur l'origine et la propagation de la doctrine du Tao, fondée par Lao-tseu*, Paris: Imprimerie de Dondey-Dupré, 1816, pp. 39–40, p. 30, p. 32, p. 42, p. 31。

68 Guillaume Pauthier, *Mémoire sur l'origine et la propagation de la doctrine du Tao, fondée par Lao-tseu*, Paris: Imprimerie de Dondey-Dupré, 1816, p. 6.

69 原文为：La seconde Livraison du Tao-te-king est sous presse. L'ouvrage entier ne dépassera pas cinq ou six Livraisons。

70 原书误作"乔治·鲍狄埃"，应作"纪尧姆·鲍狄埃"，法文姓名 Georges Pauthier 应作 Guillaume Pauthier。

71 许光华：《法国汉学史》，学苑出版社，2009年，第134页。

72 原书误作"乔治·波蒂埃"，且法文姓名 Georges Puthier 应作 Guillaume Pauthier。

73 福井康顺、山崎宏、木村英一、酒井忠夫监修，朱越利、冯佐哲译：《道教》（第三卷），上海古籍出版社，1992年，第226页。

74 戴仁主编、耿升译：《法国当代中国学》，中国社会科学出版社，1998年，第274页。

75　René Étiemble, *Préface*, dans *Philosophes taoïstes*, Paris: Gallimard, 1980, p. XXX.

76　Désiré Jean Baptiste Marceron, *Bibliographie du Taoïsme*, Paris: Ernest Leroux, 1898, p. 113.

77　Guillaume Pauthier, *Mémoire sur l'origine et la propagation de la doctrine du Tao, fondée par Lao-tseu*, Paris: Imprimerie de Dondey-Dupré, 1816, p. 5.

78　Guillaume Pauthier, *Mémoire sur l'origine et la propagation de la doctrine du Tao, fondée par Lao-tseu*, Paris: Imprimerie de Dondey-Dupré, 1816, p. 5.

79　Guillaume Pauthier, *Le Tao-te-king, ou le livre révéré de la raison suprême et de la vertu*, Paris: F. Didot Frères, 1838, p. 5.

80　Guillaume Pauthier, *Le Tao-te-king, ou le livre révéré de la raison suprême et de la vertu*, Paris: F. Didot Frères, 1838, p. 5.

81　Guillaume Pauthier, *Le Tao-te-king, ou le livre révéré de la raison suprême et de la vertu*, Paris: F. Didot Frères, 1838, p. 5.

82　Guillaume Pauthier, *Le Tao-te-king, ou le livre révéré de la raison suprême et de la vertu*, Paris: F. Didot Frères, 1838, p. 5.

83　Guillaume Pauthier, *Mémoire sur l'origine et la propagation de la doctrine du Tao, fondée par Lao-tseu*, Paris: Imprimerie de Dondey-Dupré, 1816, p. 37.

84　Guillaume Pauthier, *Mémoire sur l'origine et la propagation de la doctrine du Tao, fondée par Lao-tseu*, Paris: Imprimerie de Dondey-Dupré, 1816, p. 31.

85　Guillaume Pauthier, *Mémoire sur l'origine et la propagation de la doctrine du Tao, fondée par Lao-tseu*, Paris: Imprimerie de Dondey-Dupré, 1816, p. 32.

86　《娑摩吠陀》（梵文：सामवे）汉译名称为《赞颂明论》，是四大《吠陀经》之一。

87　Guillaume Pauthier, *Mémoire sur l'origine et la propagation de la doctrine du Tao, fondée par Lao-tseu*, Paris: Imprimerie de Dondey-Dupré, 1816, p. 35.

88　Guillaume Pauthier, *Mémoire sur l'origine et la propagation de la doctrine du Tao, fondée par Lao-tseu*, Paris: Imprimerie de Dondey-Dupré, 1816, p. 38.

89　Guillaume Pauthier, *Mémoire sur l'origine et la propagation de la doctrine du Tao, fondée par Lao-tseu*, Paris: Imprimerie de Dondey-Dupré, 1816, p. 38.

90　Guillaume Pauthier, *Le Tao-te-king, ou le livre révéré de la raison suprême et de la vertu*, Paris: F. Didot Frères, 1838, p. 18.

91　Guillaume Pauthier, *Le Tao-te-king, ou le livre révéré de la raison suprême et de la vertu*, Paris: F. Didot Frères, 1838, p. 24.

92　图片来自百度百科。

93　许光华:《法国汉学史》,学苑出版社,2009年,第107页。

94　Stanislas Julien, *Avertissement*, dans *Le Livre des récompenses et des peines*, Paris: Printed for the oriental translation fund of Great Britain and Ireland, 1835, p. xiij.

95　Stanislas Julien, *Avertissement*, dans *Le Livre des récompenses et des peines*, Paris: Printed for the oriental translation fund of Great Britain and Ireland, 1835, pp. viij - ix.

96　Stanislas Julien, *Avertissement*, dans *Le Livre des récompenses et des peines*, Paris: Printed for the oriental translation fund of Great Britain and Ireland, 1835, p. ix.

97　Stanislas Julien, *Avertissement*, dans *Le Livre des récompenses et des peines*, Paris: Printed for the oriental translation fund of Great Britain and Ireland, 1835, pp. ix - x.

98　Stanislas Julien, *Avertissement*, dans *Le Livre des récompenses et des peines*, Paris: Printed for the oriental translation fund of Great Britain and Ireland, 1835, p. xiv.

99　Stanislas Julien, *Introduction*, dans *Le Livre de la voie et de la vertu*, Paris: Imprimerie Royale, 1842, p. III.

100　Stanislas Julien, *Introduction*, dans *Le Livre de la voie et de la vertu*, Paris: Imprimerie Royale, 1842, p. XIII.

101　Stanislas Julien, *Introduction*, dans *Le Livre de la voie et de la vertu*, Paris: Imprimerie Royale, 1842, p. XV.

102　Stanislas Julien, *Introduction*, dans *Le Livre de la voie et de la vertu*, Paris: Imprimerie Royale, 1842, p. IV.

103　Stanislas Julien, *Introduction*, dans *Le Livre de la voie et de la vertu*, Paris: Imprimerie Royale, 1842, p. XIII.

104　儒莲原文未提及王一清及《道德经释辞》，但谓"由明代一位号'体物子'的道士所作"。"体物子"即明代道士王一清。

105　儒莲所指"王弼"或非三国魏之王弼，而极可能是北魏时期某位音似"王弼"的《道德经》注解家。原文见 Stanislas Julien, *Observations Détachées*, dans *Le Livre de la voie et de la vertu*, p. xl.

106　俞森林：《中国道教经籍在十九世纪英语世界的译介研究》，巴蜀书社，2015年，第86页。

107　Léon de Rosny, *Le Livre de la récompense des bienfaits secrets*, Extrait des *Annales de philosophie chrétienne*, Tome 14, 1856, p. 23－28.

108　Léon de Rosny, *Le Livre de la récompense des bienfaits secrets*, Extrait des *Annales de philosophie chrétienne*, Tome 14, 1856, p. 24.

109　Léon de Rosny, *Avertissement*, dans *Chan-hai-king, antique géographie chinoise*, Paris: J. Maisonneuve, 1891, p. 3.

110　Léon de Rosny, *Avertissement*, dans *Chan-hai-king, antique géographie chinoise*, Paris: J. Maisonneuve, 1891, p. 3.

111　部分中国学者将此书译为《道教》，如陈才智先生整理的《西方汉学家一览》。笔者此处采用书名《道家》，是因为罗斯奈认为"道家"和"道教"几乎完全不同。他在该书中曾声明他用 Taoïsme 指称"以老子为代表的道家哲学"，而用 Taosséisme 指称"道教"。

112　Ad. Franck, *Introduction*, dans Léon de Rosny, *Le Taoïsme*, Paris: Ernest Leroux, 1892, p. VIII.

113　Léon de Rosny, *Préface*, dans *Le Taoïsme*, Paris: Ernest Leroux, 1892, p. XXI.

114　Léon de Rosny, *Le Taoïsme*, Paris: Ernest Leroux, 1892, p. 27.

115　Léon de Rosny, *Le Taoïsme*, Paris: Ernest Leroux, 1892, p. 83.

116　Léon de Rosny, *Le Taoïsme*, Paris: Ernest Leroux, 1892, pp. 95 – 96.

117　Léon de Rosny, *Le Taoïsme*, Paris: Ernest Leroux, 1892, p. 139.

118　Ernst Faber, *Der Naturalismus bei den alten Chinesen sowohl nach der Seite des Pantheismus als des Sensualismus oder die sämmtlichen Werke des Philasophen Licius*, Elberfeld: Verlag von R. L. Friderichs, 1877.

119　Léon de Rosny, *Le Taoïsme*, Paris: Ernest Leroux, 1892, pp. 148 – 150.

120　Léon de Rosny, *Le Taoïsme*, Paris: Ernest Leroux, 1892, p. 146.

121　Léon de Rosny, *Le Taoïsme*, Paris: Ernest Leroux, 1892, pp. 158 – 159.

122　Léon de Rosny, *Le Taoïsme*, Paris: Ernest Leroux, 1892, p. 166.

123　Léon de Rosny, *Le Taoïsme*, Paris: Ernest Leroux, 1892, p. 172.

124　Désire Jean Baptiste Marceron, *Préface*, dans *Bibliographie du Taoïsme*, Paris: Ernest Leroux, 1898, p. VIII.

125　Désire Jean Baptiste Marceron, *Introduction*, dans *Bibliographie du Taoïsme*, Paris: Ernest Leroux, 1898, p. XII.

126　Désire Jean Baptiste Marceron, *Introduction*, dans *Bibliographie du Taoïsme*, Paris: Ernest Leroux, 1898, p. XV.

127　Désire Jean Baptiste Marceron, *Introduction*, dans *Bibliographie du Taoïsme*, Paris: Ernest Leroux, 1898, pp. XXIX – XXX.

128　Désire Jean Baptiste Marceron, *Introduction*, dans *Bibliographie du Taoïsme*, Paris: Ernest Leroux, 1898, p. XXX.

第三章
20世纪法国汉学对道教的研究

法国汉学在19世纪得到蓬勃发展,到了20世纪,法国进入客观研究道教的黄金时代,出现了沙畹、伯希和(Paul Pelliot, 1878—1945)、马伯乐、施舟人等在法国乃至整个欧洲的"明星式"汉学家。20世纪法国的道教研究除了继续重视对道家和道教经典的翻译之外,还进一步将研究视野扩大,开拓了对道教仪式、神仙传记、道教养生、道教类书、《道藏》、道教末世论的研究,结合文献学、历史学和社会学等研究方法,取得了丰硕的成果,对其他国家的道教研究产生了重要影响。20世纪的法国已与美国、日本一同成为海外道教研究的三大中心。

第一节 20世纪法国汉学对道教典籍的翻译情况概述

法国汉学历来重视对中国典籍的翻译,法国道教研究亦然。法国道教学者继承了19世纪法国汉学重视文本文献的传统,对于他们而言，对于道教典籍的翻译活动本身便是道教研究的重要组成部分，也是进行深入研究的基础。较之于 19 世纪，20 世纪的法国道教研究者翻译的内容更为丰富，范围更为广泛，翻译质量普遍提高。除了继续翻译《道德经》《庄子》《列子》《淮南子》等传统道家典籍之外，还涉及神仙传记、道教经文和道教类书等的翻译。

笔者对 20 世纪法国汉学界所翻译的道教典籍按出版的时间先后顺序进行了初步统计，结果如下：

表 1　20 世纪法国汉学界翻译的部分道教典籍

译者	年代	汉法对照书名	所译内容
戴遂良神父 （Léon Wieger）	1913	《道教体系之父》或译《道教的天师》（Les Pères du système taoïste）	《老子》《庄子》《列子》
沙畹 （Édouard Chavannes）	1919	《投龙简》（Le Jet des Dragons）	《太上灵宝玉匮明真大斋言功仪》
康德谟（Max Kaltenmark）	1953	《列仙传译注》（Le Lie-sien tchouan: traduit et annoté）	《列仙传》
吴其昱 （Wu Chi-yu）	1960	《〈本际经〉——7 世纪的未刊道书》（Pen-tsi-king: livre du terme original-ouvrage taoïste inédit du VIIe siècle）	《本际经》
施舟人（Kristophe Schipper）	1965	《道教传说中的汉武帝》（L'Empereur Wou des Han dans la légende taoïste）	《汉武帝内传》
雷义·马修 （Rémi Mathieu）	1978	《穆天子传译注》（Le Mu tianzi zhuan: traduction annotée et critique）	《穆天子传》

续表

译者	年代	汉法对照书名	所译内容
戴思博（Catherine Despeux）	1979	《赵避尘——道教的内丹和生理学明指》（Zhao Bichen: traité d'alchimie et de physiologie taoïste）	《卫生生理学明指》
刘嘉槐（Lieou Kia-hway）、本尼迪克特·格兰帕（Benedykt Grynpas）	1980	《道家哲学家》（Philosophes taoïstes）	《老子》《庄子》《列子》
劳格文（John Lagerway）	1981	《无上秘要——6世纪的道教大全》（Wu-shang pi-yao—somme taoïste du VIe siècle）	敦煌写本《无上秘要》目录，以及敦煌目录中的卷名、品名，以及各义类的描述性文字
雷义·马修（Rémi Mathieu）	1983	《古代中国神话与民族学研究：山海经译注》（Étude sur la mythologie et l'ethnologie de la Chine ancienne: traduction annotée du Shanhai Jing）	《山海经》
戴思博（Catherine Despeux）	1988	《赤凤髓》（La Moëlle du phénix rouge）	《赤凤髓》
穆瑞明（Christine Mollier）	1990	《5世纪的一部道教末世论著作——〈洞渊神咒经〉》（Une Apocalypse taoïste du Ve siècle, le livre des incantations divines des grottes abyssales）	完整翻译了《太上洞渊神咒经》第一品；总结并翻译了第二、三、四、五、六、七、八、九、十、十九、二十品的主要内容
贺碧来（Isabelle Robinet）、顾从义（Claude Larre）、罗妠（Elisabeth Rochat de la Vallée）	1993	《淮南子诸训》（Les Grands traités du Huainan zi, 1993）	《淮南子》第一、七、十一、十三、十八篇

续表

译者	年代	汉法对照书名	所译内容
菲利普·池（Philippe Che）	1999	《神仙之道：抱朴子内篇》（La Voie des divins immortels: les chapitres discursifs du Baopuzi Neipian）	《抱朴子内篇》第一、二、三、五、七、八、九、十、十二、二十篇

从上表可见，20世纪法国翻译的道家和道教典籍涉及传统道家哲学、道教仪式、道教神仙传记、道教养生、道教神仙地理、道教类书、道教末世论等主题。法国历来有翻译中国典籍的传统，因此，翻译道教原典已成为法国道教研究的有机组成部分，为法国道教研究打下了基础。

第二节　20世纪初至第二次世界大战前后法国汉学的道教研究

20世纪初至二战前的法国汉学呈现出繁荣景象。这一时期的法国汉学家一方面继续发扬19世纪经院汉学注重文献基础的传统，另一方面有机会到中国进行实地考察，采用现代的学术方法进行研究，取得了举世瞩目的成果。在这样的背景下，法国的道教研究亦取得了丰富的成果。

20世纪初，敦煌遗书被发现，引起了国内外学者的关注。1926年，上海商务印书馆以摄影石影术复制并出版了北京白云观所藏的经折本《道藏》，《道藏》于是走出宫观，得以为学者所使用。这一系列重大事件促使法国进一步获得了研究道教的原始材料，对于道教有了越来越全面且科学的认识。法国道教研究开始走上采用现代学术研究方法进行研究的时代。

这一时期，法国的戴遂良神父正式研究《道藏》，编订了第一份《道藏》目录，全译了《老子》《庄子》《列子》；沙畹开启了对道教仪式的研究；马伯乐则作为道教研究的拓荒者，进一步开拓了道教研究的主题和领域。

一、戴遂良神父：《道藏》的研究者、道家典籍的译者

戴遂良神父是法国天主教耶稣会士，1887年来华，著有两卷本《道教》(*Taoïsme*)，其中第一卷为《道教总目》(*Bibliographie générale*, 1911)，第二卷为《道教的天师》(*Les Pères du système taoïste*, 1913)，是对《老子》《庄子》《列子》的翻译。

（一）《道教总目》

《道教总目》共两部分，一是对《道藏》(*Le Canon*)的介绍，二是"官修引得"和"私修引得"(*Les Index officiels et privés*)。该书包含一个书目，简要地分析了《道藏》所收的全部书籍。戴遂良神父认为："要进行严肃的道教研究，必须进行两个索引的编写：一是《道藏》的索引，二是对在公元1世纪至17世纪期间形成的、官方和私家收藏的道教经书做的索引"[1]。

据戴遂良自述，为了编写《道藏》索引，戴遂良特意前往中

国北京和日本东京,分别查阅了北京白云观和日本皇家图书馆所藏的《道藏》。在该书的"引言"部分,戴遂良介绍了"三洞四辅"及"十二类"(sous-section),将之依次译为:

"本文"(les textes fondamentaux);

"神符"(les formules efficaces, quintessence des textes);

"玉诀"(les commentaires et amplifications);

"灵图"(les graphies efficaces, diagrammes, dessins);

"谱录"(histoires et traditions);

"戒律"(morale et ascétisme);

"威仪"(rites);

"方法"(pratiques, manipulations);

"众术"(diététique, alchimie, astres, nombres, etc);

"记传"(mythologie, légendes);

"赞颂"(liturgie, hymnes, adresses);

"表奏"(documents; pétitions aux empereurs, édits reçus d'eux, etc.)[2]。

随后,戴遂良又依次列出了"洞真部""洞玄部""洞神部""太玄部""太平部""太清部""正一部"及《大明续道藏经目录》共计1464篇十二类道经[3],包括经文的汉语名称、拼音(威氏拼音)、经文简介,其后又按照经文的首字母顺序附上这1464篇道经名称的拼音总表[4]。

对于第二个索引,戴遂良依次列出了《汉书·艺文志》《隋书·经籍志》《唐书·艺文志》《宋史·艺文志》《金元·艺文志》

《国史经籍志》《钦定四库全书总目》《皇朝续文献通考》中的"道家"类以及他所参考整理的"日本道家"和"民间道书"[5]。

Dr L.Wieger S.J.

TAOÏSME

TOME I

BIBLIOGRAPHIE GÉNÉRALE

I. LE CANON (PATROLOGIE).
II. LES INDEX OFFICIELS ET PRIVÉS.

1911

图 9　戴遂良《道教》卷一《道教总目》

戴遂良神父的《道教总目》出版后,引起了较大反响。

20 世纪30 年代哈佛燕京学社翁独健所编《道藏子目引得》（1935）即曾参考过此书。后者引戴氏《道教总目》的"道藏分类表"，即书中所称"魏哲（L. Wieger）氏道藏分类表"[6]，将道经分为56 类，现将其摘录如下：

义教；诸天；玉皇；文昌；梓潼；北斗；南斗；神将；神兵；雷霆；龙王；白猿；神虎；五岳；灶神；五行；三官；六甲；三茅真君；宇宙开辟进化论；养真；神、真、仙；戒律；拔罪；修炼；墨悟；启示、感应；科仪；忏颂；符箓；方术；服食；吐纳；丹法；星占；风水；卜筮；术数；周易；亡魂；血湖经；报父母恩重经；文集、杂著；史传；表奏；地理；博物；医药；生理；老子；列子；庄子；文子；亢仓子；尹喜；阴符经；悟真篇；参同契。

总的来说，戴遂良神父的《道教总目》并不完善，其中亦有少许错误，尚需修正，如法国著名汉学家沙畹曾指出了《道教总目》中几处不准确的地方[7]，现罗列如下：

（1）该书中第 158 页 954—955 号分别将《武当福地总真集三卷》（应为《武当福地总真集》三卷）和《武当纪圣集》解释为"多位仙人的传记"（Notices sur divers surhommes），这是不准确的，因为二者实际上对湖北武当山这座著名的道教圣地进行了描写和介绍。

（2）第 158 页第 956 号将《西川青羊宫碑铭》解释为"宋代乐朋龟所收集的四川青羊宫的碑铭"（Inscriptions taoïstes d'un fameux couvent du Seu-tch'oan, recueillies par Yao-p'eng koei, dynastie

Song），而实际上该碑铭为乐朋龟于唐中和四年（884）所撰。

（3）第158页第957—959号将《宋东太一宫碑铭》《宋西太一宫碑铭》《宋中太一宫碑铭》误认为是出自同一宫观，而实际上三者分别出自三个宫观，人们根据这三个宫观在宋朝都城的方位而称之为"宋东太一宫""宋西太一宫""宋中太一宫"。

此外，有学者指出："戴遂良最大的问题是未校勘道藏原书，由于他依据白云霁的《道藏目录详注》，白云霁失录的道藏文本，他也失录，因此有不少的错漏。"[8]但即便如此，该书仍发挥了巨大作用。它使得法国汉学界认识到加快研究《道藏》的必要性。正如沙畹所指出的那样："我们应向戴遂良神父致谢，因为当所有人在面对编撰《道藏》目录这项艰巨任务而裹足不前之时，他却显示出了巨大的热忱，并在道教文献研究这片处女地中为后人开拓了一条宽阔的道路。"[9]

（二）《道教的天师》

出版于1913年的《道教的天师》是对《老子》《列子》《庄子》的翻译。其《老子》法译本是继儒莲法译本后的又一个法语全译本，而其《列子》和《庄子》法译本则是法国首个全译本。

戴遂良在翻译《老子》《庄子》和《列子》时常偏离原文。他时常随意地删减原文中某些频繁出现的内容和他认为无用的细节。他的译文一方面紧跟全文，但另一方面又自由发挥，在这个过程中，他或补充，或评论原作，或引入自己的观点。但不论如何，戴遂良神父的译文都有助于欧洲人更好地认识道家代表人物，有助于在欧洲传播道家哲学思想。

图 10　戴遂良《道教》卷二《道教的天师》

> Dr Léon Wieger S.J.
>
> Taoïsme. Tome II.
>
> LES PÈRES DU SYSTÈME TAOÏSTE
>
> 老子
> Lao-tzeu
>
> 列子　　　莊子
> Lie-tzeu　　Tchoang-tzeu
>
> Texte revu sur les anciennes éditions taoïstes,
> traduit d'après les commentaires et la tradition taoïstes.
>
> 1913

图11　戴遂良《道教》卷二《道教的天师》

二、沙畹：道教仪式研究的开启者

沙畹是学术界公认的19世纪末至20世纪初的"欧洲汉学泰斗"。沙畹青年时代在著名的巴黎高等师范学校学习哲学，后主治汉学。1889 年，沙畹以法国驻华使团译员的身份来华，四年后回到巴黎，成为法兰西学院"汉、鞑靼、满语言文学讲座"的第四任讲席教授，时年仅 28 岁。同时，他还在东方语言学校、索邦大学、法国高等研究学院教授东方宗教课程。他的著述十分丰富，其中最主要的功绩是翻译《史记》。虽然没有最终完成，但这部皇皇译著至今仍享有国际盛誉，成为研究中国历史的汉学家们案头必备之书。此外，沙畹对于中国的佛教、道教、摩尼教亦颇有研究，并在中国的碑铭学、道教仪式、民间祭祀、西域史、突厥史、中国与中亚邻国关系史等领域均有极高的造诣。

沙畹曾登上泰山进行考察，发表了一篇关于泰山崇拜的专题论文《泰山：中国的一种宗教崇拜专论》(Le T'ai-chan: essai de monographie d'un culte chinois, 1910)，书后附有一篇名为《古代中国的社神》(Le Dieu du sol dans la Chine antique) 的文章[11]。在

图 12 沙畹[10]

这篇专题论文中，沙畹指出了道教仪式的重要性。

沙畹研究道教仪式的代表作是在他逝世后发表的长篇论文《投龙简》(Le Jet des Dragons, 1919)。投龙简是道教斋醮仪式的一部分，是在斋醮仪式的末尾将祝告神灵的文简投入天地山川的宗教仪式，集中体现了中国古代的天地山川崇拜。法国德裔道教

学者索安（Anne Seidel，1938—1991）曾评价沙畹"是对某一种道教仪式做出详尽研究的唯一学者"[12]。索安所指"道教仪式"即"投龙简"仪式。该文的前半部分是根据《道藏》、碑刻以及投龙简告文等材料对投龙简仪式进行的考察，后半部分则是对《全唐文》中的杜光庭传记以及杜光庭所编《太上灵宝玉匮明真大斋言功仪》的翻译[13]。据学者考证，沙畹《投龙简》"可能是已知最早用近现代学术方法研究道教仪式的论著"[14]，其"所据文献之丰富，考证之翔实"，即使在该文发表百年后仍令人惊叹。

有学者指出，1919年沙畹关于泰山投龙简的论著"关注到了道教人物、经典和思想之外的仪式、方法和政治背景，显示了综合传教士传统、欧洲历史学方法和现代人类学意识的法国道教研究的特征"[15]。因此，从这个意义来说，沙畹是20世纪法国开始科学研究道教的起点和标志性人物。

三、马伯乐：道教研究的拓荒者

马伯乐是著名的汉学家，其父是著名的埃及学专家。马伯乐自幼有志于汉学研究，青年时入巴黎东方语言学校学习汉语和东方语言，师从汉学泰斗沙畹。1920年起，马伯乐成为法兰西学院汉、鞑靼、满语言文学讲座教授；1926年兼任巴黎大学中国学教授，1935年当选为法国铭文和美文学院院士。1944年被捕，病故于德国集中营[16]。

马伯乐著述甚丰，涉及领域众多，主要代表作有《古代中国》(*La Chine antique*，1927)，《道教与中国宗教》(*Le Taoïsme et les religions chinoises*，1971）等。马伯乐通过对于道教历史、神祇、修炼方法等方面的研究开创了法国道教研究的新局面。

如果说沙畹是20世纪最早用现代学术方法进行科学研究道教的开创者，马伯乐则是"真正使法国学界对中国道教的研究形成新典范的人物"[17]。马伯乐称道教是"世界上最奇妙的宗教之一"。他在《老子和庄子以及圣人的生的神秘体验》(*Le Saint et la vie mystique chez Lao-tseu et Tchouang-tseu*，1922) 一文中指出，道家"致力于创造一个对世界的科学化

图13　马伯乐[18]

的表象"；对于学界所争执的道家和道教的区别（如法国19世纪下半叶汉学家罗斯奈和马塞伦主张的将二者进行二元划分），他认为"道家和道教并不如一般人们所说的那么不同，他们彼此来自同一种极古老的宗教的根源"[19]，他还"把六朝的道教视作道教发展史上的焦点，并把六朝和六朝以前的道教称为'古道教'"[20]。

马伯乐的《道教与中国宗教》[21]是道教研究的经典之作，受到学术界的广泛赞誉。《不列颠百科全书》曾评价该书为"关于道教的最优秀的先驱者的著作""西方权威著作"[22]。这部皇皇巨

著共九大部分，各部分主要介绍和研究了以下内容（该部分为笔者译）：

（一）中国宗教的历史发展
    1. 中国古代宗教
    2. 战国时期的宗教危机
    3. 道教
    4. 佛教
    5. 儒教

（二）近代中国的神话
    1. 民间宗教与三教
    2. 最高神
    3. 自然神
    4. 行政职能神
    5. 职业神和行会神
    6. 关乎个体的神
    7. 阴间神

（三）古代中国人和近代傣族的社会与宗教
    1. 农村生活
    2. 春天的节日
    3. 官方宗教
    4. 神话
    5. 越南北圻地区黑傣族的丧葬风俗

（四）佛教如何传入中国

（五）六朝时期中国人宗教信仰中的道教

  1. 道教徒及其求仙：身体修炼方法

  2. 精神修炼方法：内观、存思、神秘的合一

  3. 道团组织与信徒的救度：制度与仪式

（六）诗人嵇康与竹林七贤

（七）关于"公元最初几个世纪中的道教"的论文

  1. 个人的宗教生活与求仙

  2. 道团组织与公共崇拜

  3. 道教与初入中国时的佛教

  4. 附录：关于道教的起源及其发展至汉代的历史研究

（八）道教的神灵——如何与之沟通

（九）古代道教中的养性方法

  从马伯乐《道教与中国宗教》的目录可见，马伯乐的研究已经涉及道教的诸多方面，如道教的制度和组织、道教信仰、道教仪式、道教的起源、儒释道三教关系及民间宗教、道教神灵、道教养性修炼方法等。纵观法国道教研究史，虽然自法国汉学建立之初，道教研究就随着雷慕沙翻译《太上感应篇》和《道德经》而成为法国汉学的重要组成部分，然而，19世纪的法国尚无严格的现代学术意义上的道教研究；19世纪，汉学家只是意识到翻译和研究以《道德经》为主的道家道教典籍的重要性和必要性，直到19世纪末20世纪初才对道教文献有初步的整理和研究，但尚

无一人像马伯乐那样细致地研究道教的各个方面。马伯乐因此而成为"法国汉学界的第一位道教研究专家"[23]，并"将道教从中国古代宗教这一大的研究领域中分离出来，考察道教作为独立的宗教传统的历史演进"，其研究"不仅可以被视为法国汉学界关于道教历史、信仰与文化的第一个全景图，也是首次系统地制定道教研究主题的尝试"[24]，而事实证明，马伯乐所关注的研究主题确实无一例外地成了后世法国道教研究的重点。关于马伯乐，四川大学道教与宗教文化研究所胡锐教授曾主持专题研究项目（国家社会科学基金项目"马伯乐道教学术论著《道教与中国宗教》的翻译与研究"），作为该项研究的成果之一，马伯乐的这部皇皇巨著也有了它的中文译本[25]，读者可以据此深入了解马伯乐的道教研究情况，因此，笔者在此不做过多赘述。

第三节 第二次世界大战后法国汉学的道教研究

如果说20世纪初至第二次世界大战前的法国汉学研究呈现繁荣昌盛的景象，那么，第二次世界大战中的法国汉学则遭到了重创。老一辈的汉学家或病故或遭受迫害，法国汉学一度处于沉寂状态。第二次世界大战后，西方资本主义大国对中国采取了孤立和封锁的政策，但戴高乐将军（Charles de Gaulle, 1890—1970）高瞻远瞩，率先打破僵局，于1964年与中国建立了外交关系，法国也成为第二次世界大战后第一个与中国建交的西方大国。中法两国的建交，促进了两国人民的友好往来，也使陷入低谷的法国汉学重遇生机。当时，有一批年轻的法国学生来华学习中国语言和文化，进行实地考察和研究，这些学生回到法国后大多在汉学教育和研究机构从事重要工作。从20世纪70年代末80年代初开始，随着中国实行改革开放政策和经济快速发展，西方出现了"中国热""汉语热"。在这种背景下，法国的汉学又得到了快速的发展，至今方兴未艾。

随着法国汉学的复兴，法国道教研究亦重现生机。第二次世界大战后，法国出现了康德谟、施舟人、贺碧来、傅飞岚、劳格文、穆瑞明等道教研究学者，他们采用多种现代学术研究方法，于道教神仙传记、道教仪式、上清经典、道教类书、道教末世论等主题和领域取得了辉煌的成果。

一、康德谟：译注《列仙传》

康德谟生于奥地利维也纳，出生后不久随父母搬到巴黎，后加入法国籍，是法国著名的汉学家。他青年时对东方文化产生兴趣，于是到巴黎东方语言学校学习汉语。后又师从伯希和，学习了古汉语、目录学、经学、考证学等汉学基础知识，同时也听其他汉学家的课。1945年，康德谟出任北京中法汉学研究所所长，于1953年回到法国。此后，他先任法国国家科学研究中心（CNRS）研究员，1956年担任法国高等研究学院的讲座教授，并继承了葛兰言（Marcel Granet，1884—1940）的中国宗教讲座教授席位。康德谟在进行汉学教学和研究时，常以《道藏》作为基本教材和资料。据其学生施舟人所述，康德谟非常重视道教经典的翻译和研究,且"特别在乎翻译的正确和法文的标准"[26]。他还在《法国高等研究学院年鉴》(Annuaire de l'École pratique des hautes études)上陆续发表了若干关于道经研究的文章。康德谟首先成立了一个研究道教术语的小组,后来参加了欧洲科学基金会的道藏通考小组。同时,他还参加了法国科技研究中心的敦煌抄本目录编辑小组。[27]他培养的学生大多成为欧洲道教研究的一线人物和骨干力量,如施舟人、索安、贺碧来等。可以说,康德谟是第二次世界大战后法国道教研究的带头人物。

康德谟对汉代的宗教和神话有着浓厚的兴趣。他于1953年完成了《列仙传译注》(Le Lie-sien tchouan: traduit et annoté)。

《列仙传》多被认为是西汉刘向所作,是中国第一部系统叙述神仙事迹的著作,主要记述了上古及三代、秦、汉之间的七十余位神仙的事迹。关于《列仙传》的作者和成书年代,学界争议颇多。康德谟认为,今人已无从得知刘向是否为《列仙传》的作者,但该书在东汉时期已广为流传,因此可以推断,公元2世纪初时已有《列仙传》。但当时的《列仙传》与今人所见《列仙传》并不完全相同,该书在流传过程中经历了较多修改。他认为,《列仙传》反映了某一个时代下中国社会各个阶层追求长生不死的时代面貌[28]。

康德谟《列仙传译注》征引繁复,其所列《列仙传》的版本有[29]:涵芬楼影印的《道藏》本,涵芬楼影印的《古今逸史》本,《琳琅密室丛书》本,王照圆《列仙传校正》,钱熙祚《指海》本。

康德谟翻译的《列仙传》共七十篇，依据的底本为明《正统道藏》本。其翻译每一篇传记的体例是先引中文原文，继而列举《列仙传》各主要版本某些语句的增减情况，再次为法文翻译，最后是详细的注释。在这些注释中，康德谟研究的内容十分丰富，如道教的"辟谷""三尸""尸解""火解"及道教养生医学、房中术等；在解释这些道教文化之时，康德谟还联系中国古代的历史和风俗，旁征博引，如由汉代墓葬的墓砖、壁画、铜镜、漆器等物品上的羽人图案着手，结合《金石索》《古今注》《论衡》《山海经》《海内十洲记》等文献，认为这些羽人图案反映了汉代人们对道教神仙的想象和描绘，而东夷滨海地区的宗教仪式在道教长生不老信仰的形成过程中发挥了重要作用[30]。

康德谟的《列仙传译注》是一部优秀的著作。他考察了《列仙传》的作者、版本、流布，在翻译《列仙传》原文的同时，进行了富有创见的、翔实而严谨的注释，"再现了道教神仙信仰的历史背景，可靠地证实了这样一个事实：传说即历史，而非纷乱想象的产物"[31]。通过译注《列仙传》，康德谟在法国道教研究史上开创了道教神仙传记的系统研究。

二、施舟人：当代法国道教研究的领军人物

施舟人祖籍荷兰，1934 年出生于瑞典，是当代欧洲杰出的汉学家。青年时代师从法国著名汉学家康德谟，并在法国高等研究学院以论文《道教传说中的汉武帝》（*L'Empereur Wou des Han dans la légende taoïste*，1965）获得博士学位，后历任法国远东学院研究员、法国高等研究学院教授、荷兰莱顿大学中国历史学讲座教授、荷兰皇家科学院院士等职。施舟人于 1962 年赴中国台湾，在台南市进行田野调查，在那里居住了八年。他在台湾亲身体验道教仪式，广泛搜集道教民俗、音乐、戏曲、唱本等文物，并在台湾受箓。施舟人 1970 年回到法国后，担任法国高等研究学院中国宗教讲座的主讲人，并创办了"道教文献研究中心"（Centre de documentation et d'études du Taoïsme），1976 年创立了欧洲汉学协会，1979 年设立"欧洲道藏工程"（European Tao-tsang Project）。该研究计划极其宏大，吸收了法国、德国、意大利、荷兰、美国等国的汉学家参与。1982 年，施舟人写成《道教之体》（*Le Corps taoïste: corps physique-corps social*）。2004 年，施舟人和傅飞岚合编的三卷本巨著《道藏通考》（*The Taoist Canon: a historical companion to the Daozang*）出版，标志着历时 28 年之久的"欧洲道藏工程"完成。

陈耀庭先生《道教在海外》一书曾准确地概括了施舟人在道教研究领域的贡献[32]：一是编制道教研究工具书，如《〈道藏〉通检》（1975）、《〈黄庭经〉通检》（1975）、《〈抱朴子内篇〉通检》（1965）、《〈抱朴子外篇〉通检》（1969）、《〈云笈七签〉通检》（1981）等，"促进了七八十年代国际范围的道教研究的热潮"[33]；二是关于道教仪式的研究，如《分灯——道教的仪式》；三是关于道教史的研究，如《〈汉武帝内传〉研究》（《道教传说中的汉武帝》——笔者注）；四是对道教的综合研究，如《道教之体》。

毫无疑问，施舟人是当代法国乃至西方道教研究的领军人物，对整个海外道教研究产生了重要影响。本文仅分析施舟人对于《汉武帝内传》的研究、《分灯——道教的仪式》以及《道教之体》《道藏通考》，鉴于四川大学道教与宗教文化研究所胡锐教授目前正在主持与此相关的专题项目（国家社会科学基金项目"施舟人道教学术经典论著的翻译和研究"），定会对此做系统而深入的研究，因此，笔者在此不予赘述。

（一）施舟人对《汉武帝内传》的翻译与研究

《汉武帝内传》是中国神话志怪小说，收入《正统道藏》洞真部记传类。旧题为班固撰，但疑为后世伪托之作。该书叙述了汉武帝自出生直至死后殡葬的过程，"略于军政大事，详于求仙问道"，尤其对西王母、上元夫人下降汉宫会武帝一事极尽铺陈之事。

根据施舟人自述，他从陈国符先生的《道藏源流考》那里了解了"上清经"，其博士论文"就是对上清经的初步研究"[34]。这就是施舟人于1965年完成的《道教传说中的汉武帝》，译本中也偶尔称之为《汉武帝的私人故事》（*Histoire intime de l'empereur Wou des Han*）。这是施舟人的第一部道教研究著作，其中，他用法语翻译了《汉武帝内传》。该著作主要有导论、译文、附录三部分，译本末尾附有《汉武帝内传》中文原文。

该译本的特色之一是导论长达65页之多，其所占篇幅几与译文本身相当。导论内容相当丰富，探讨了《汉武帝内传》的内容、结构、版本、流传情况等。施舟人在导论开篇是这样介绍

《汉武帝内传》的：该书是中国中世纪早期的道教作品，它以小说的形式讲述了汉武帝的生平，但作品主要叙述了一个事件，即公元前110年（元封元年）七月七日夜，西王母与上元夫人降临汉宫并向汉武帝降授经书与符箓之事；而待西王母与上元夫人走后，作为平庸的道教徒，汉武帝无法遵守训诫，导致此前所得的经书与符箓尽为天火所烧[35]。

《汉武帝内传》在历史上享有极高的知名度，有李白、李商隐、韩愈及李颀的诗作为证。但施舟人指出，《汉武帝内传》的高知名度不仅体现在文学领域，也体现在民间宗教信仰领域，如西王母授予汉武帝的《五岳真形图》（*Tableau de la véritable forme des Cinq Pics sacrés*）在民间便流传甚广。因此，他认为《汉武帝内传》兼具文学和宗教的双重性质，但其"首要意义在于它的宗教意义，更确切地说是在于它的道教意义"[36]。

施舟人介绍了《汉武帝内传》的三个主要的版本：一是较为完整的《道藏》本《汉武帝内传》，收入《道藏》洞真部记传类，其内既不分章也不分段；二是先后收录入《太平广记》《说郛》《汉魏丛书》《旧小说》等的《汉武帝内传》，篇幅较《道藏》本简短一半；三是收入宋人晁载之《续谈助》的《汉武帝内传》，该版本亦极为节略[37]。由清人钱熙祚（1801—1844）所辑的《守山阁丛书》校勘本《汉武帝内传》以《道藏》本为底本，并以《太平广记》《续谈助》本等版本和其他引文为辅助进行参校，可谓博采众长，因此施舟人视此本为权威版本并以此为底本翻译了《汉武帝内传》[38]。

施舟人介绍了《汉武帝内传》的流传情况：最早是《隋书·经籍志》著录了《汉武内传》三卷；其次为《旧唐书》和《新唐书》著录《汉武帝传》二卷；自宋以降，有人将该书归于汉代班固，但此种说法有很大争议；近人一致认为该书为六朝时人所作，准确地说为东晋，至多不晚于梁[39]。除《四库提要》以外，施舟人还列举了其他考证过《汉武帝内传》的文献，如清周中孚《郑堂读书记》、明胡应麟《四部正伪》[40]等。

关于《汉武帝内传》的作者，施舟人介绍，近代著名的文献学家余嘉锡曾在《四库提要辨证》中将《汉武帝内传》归于葛洪[41]。但施舟人认为，将《汉武帝内传》归于葛洪尚缺乏确凿的证据[42]。

关于《汉武帝内传》的内容，施舟人认为，介于汉武帝登基之后、西王母降临之前的文字借鉴了《汉书·武帝纪》。《汉武帝内传》以"汉孝武皇帝，景帝子也"开篇，借用了《汉书》人物传记通常采用的开篇方式，因此《汉武帝内传》作者的意图便十分明显，"他是要将汉武帝的传说置入官方正史，目的是赋予《汉武帝内传》以真实、官方、确凿的特点"[43]。

据施舟人考证，《汉武帝内传》中"于坐上酒觞数遍，王母乃命诸侍女王子登弹八琅之璈，又命侍女董双成吹云和之笙，石公子击昆庭之金，许飞琼鼓震灵之簧，婉凌华拊五灵之石，范成君击湘阴之磬，段安香作九天之钧"这段文字又见于北周武帝敕纂的道教类书《无上秘要》，仅有少数改动[44]。然而，该段文字实际上并非出自汉武帝的传记，而是出自著名道士茅盈的记述[45]。

施舟人逐一比对并翻译[46]了《三茅传》和《汉武帝内传》中描述降授经书的祝词（invocations），发现《汉武帝内传》实际上不甚谨慎地采纳并改动了《三茅传》的部分内容，"是对于《三茅传》的抄袭（plagiat），抄袭的部分主要是《三茅传》中与西王母、上元夫人所授经书相关的内容"[47]。

施舟人认为《汉武帝内传》"应大致成书于公元6世纪之后，尤其是6世纪的下半叶"[48]，但难以界定该书的精确年代和作者。他还介绍了《汉武帝内传》的故事情节及其四个要素：侍女传信、西王母降临、宴会、插曲，并由此联系到周穆王西巡会见西王母之事，又翻译对比了《拾遗记》[49]和《太平御览》[50]中关于周穆王会见西王母的文本。其中，施舟人指出，"《汉武帝内传》中关于汉武帝恭迎西王母降临的一系列准备活动所展示的每个细节并非没有根据（gratuit）或出自偶然（fortuit），它们实际上均符合真实的道教仪式"[51]。此外，施舟人又翻译了《真诰》中紫微夫人下降、紫清真妃与杨羲结良缘的故事[52]，并认为这个故事是一种幻觉（vision）和幻想（fantasmagorie），在传统上应归于个体心理活动的范畴[53]。但这个故事中的所有元素，如通约、赞颂等都"体现出某些宗教仪式的真实性"[54]。这表明，施舟人在其博士论文的撰写过程中已开始重视道教仪式的研究了。

综上所述，施舟人《道教传说中的汉武帝》一书考证了《汉武帝内传》的版本、成书时间、作者、性质，并分析了该书与道教——特别是上清派茅山宗的关系，阐释了古代传说中西王母会见汉武帝这一中心主题。全书随处可见翔实严谨的考证，可见其师康德谟治学方法的痕迹及对他的影响,也再次体现了法国道教学者重视文献基础的学术传统。

(二) 施舟人的《分灯——道教的仪式》

1975年,施舟人写成《分灯——道教的仪式》(*Le Fen-teng, rituel taoïste*)[55]一书。该书是法国道教学者在实地观察道教仪式的基础上第一部系统阐释道教分灯科仪的书;据陈耀庭先生考察,该书"以大英博物馆藏《金箓分灯卷帘科仪全集》为底本,以台南道士曾赐家藏本、陈聪家藏本、湖街道士王龙飞家藏本和《道藏》本相对照,汇校整理了一份金箓分灯卷帘科仪的较为完整的经本"[56]。书末还有经施舟人重新整理的《金箓分灯卷帘科仪全集》以及《金钟玉磬科仪用四张牒文》("辟非牒""禁坛牒""含阴牒""昌阳牒")。

施舟人的《分灯——道教的仪式》主要内容有引言、仪式描写以及《道藏》中与分灯仪式相关的道经文献、注释、图解、整理后的文本等。

在引言中,施舟人对"分灯"科仪的介绍如下。

"分灯"是重要而古老的道教仪式,至今仍是道教科仪的组成部分。"分灯",从字面意义解释,即将灯"分开"或"分发"(diviser ou distribuer les lampes),实际是指某些重大仪式开始之初,在道教庙宇等神圣场地礼仪性地生火之后将灯点燃[57]。目前,分灯仪式总是伴随着另外两种仪式,即"卷帘"(卷珠帘)和"开钟磬"(击打钟和磬石)。这三种仪式按照先后顺序依次进行,至今已成为同一个仪式的三个组成部分。由于当今的道士们通常仅用"分灯"一词来统称这三种仪式,因而施舟人亦采取这种方式。在后文中,当涉及"分灯"的不同组成部分时,施舟人则分别以分(灯)、卷(帘)、开(钟磬)指称它们。

施舟人追溯了道教科仪的演变历史,发现"分灯"的大部分仪式至少可以追溯至金朝(1115—1234)和南宋(1127—1278),并且其中某些礼仪元素的产生甚至早于公元 5 世纪[58]。他指出,"分灯"曾是"黄箓斋"中的集体净化(purification)和集体赦罪(rémission des péchés)的仪式之一,举行这些仪式之后方能续订"人神盟约"(alliances)。"黄箓斋"最重要的斋戒仪式以及它们各自的名称和顺序,自六朝以来未有变化,即在各式各样的准备仪式后("分灯"便名列其中),在夜间进行的"宿启"仪式中开坛,清晨献"道场",即以玉皇上帝为媒介,朝拜众位天尊。朝拜天尊之后,便是浇祭(libation)和舞蹈——仙筵(festin céleste)[59]。"道场"仪式在几百年间则有较大变化。它没有始终停留为清晨的朝拜仪式,而是大约自唐朝起,发展为每日早、中、晚"三朝",甚至连续三天重复"三朝",变为"九朝"。"九朝"仪式末尾,举行醮仪,与神灵"证盟"(se jurer l'alliance),称为"金箓醮"。道教的科仪由此主要分两部分:一是内部的斋仪,二是外部的醮仪,二者举行的场地以及参加者的方位亦不相同[60]。

至北宋时期,尤其在宋徽宗时期(1101—1126),道教的科仪发生了重大的转变,如通过增加焚烧符箓、造作专门的咒语与存思术等,从而美化了道教的仪式。当时的"分灯"仪式与如今的分灯不尽相同,而关于"开钟磬",该时期所增加的某些环节和要素则流传至今[61]。"开钟磬"仪式是用来对后继仪式中所用器物进行祝圣的礼仪(rite de consécration),也用于宣布众神仙的降临以及载歌载舞的"仙筵"的开始。钟、磬具有宇宙层面的象征意义——钟代表天(经文中作"天钟"),磬代表"地"(经文中作"地磬")。仪式开始时,先击天钟25下,再击地磬30下,以表现天地之异;随后,同时敲击钟和磬36下,以表现天地统一;最后,又分别敲击钟9下(意为"老阳"),磬6下(意为"老阴")[62]。如今台湾地区的道士所保留的"开钟磬"仪式早在《无上黄箓大斋立成仪》中就已有记载。在该书中,"开钟磬"仪式位于"分灯"仪式之后。《无上黄箓大斋立成仪》的重点在于陆修静、杜光庭、张万福所著的"灵宝古法"[63]。至于"卷帘"仪式,相关的资料最少[64]。

施舟人发现,在以上所提及的宋代科仪中,几乎只有"黄箓斋"后来成了专门的丧葬仪式。实际上,正是在宋代,道教仪式开始出现分化,这种分化到了后世则愈加明显。为生者祈福的献祭愈发重要,此后称为"醮",而葬礼则保留了"斋"的称谓[65]。虽其中的演变细节不甚明了,但施舟人认为,二者的区别与其说是礼仪形式的对立,毋宁说是礼仪的表现力和特点之间的区别[66]。

"醮"通常是非常盛大的仪式和集体节日,通常在庙宇的落成庆典或定期进行的修缮工作的完工仪式上进行。某些地方规定,每隔三年、五年或九年需举行"醮"仪。"醮"仪中,除

"扬旗""进表""普度"仪式之外，几乎所有仪式均在庙宇内进行。甚至某些盛大的"醮"仪持续数日，如"一朝宿启"（两日）、"三朝醮"（三日）、"五朝醮"（五日）等。其间，仪式活动从早到晚，几乎不曾中断。

施舟人整理的"醮"的具体步骤如下表[67]：

表2　施舟人整理的醮仪步骤表

时间		一朝醮（两日）	三朝醮（三日）	五朝醮（五日）
第一日	早晨	发表 启白 扬旗	同左	同左
	中午	午献	同左	同左
	夜晚	分灯 禁坛 启师，启圣	同左	同左
第二日	早晨	道场 进表	早朝	同左
	中午	午献 "三界万灵圣灯"仪	午朝	同左
	夜晚	正醮 普度	晚朝	同左
第三日	早晨	—	重白 进表	与三朝醮最后一日做法一样，后两日与此日同
	中午	—	"三界万灵圣灯"仪	
	夜晚	—	正醮 普度	

那么，为何"分灯"这类具有从属性质的仪式（"分灯"并不向神明进表）能够在当今的宗教仪式中取得独立而重要的地位呢？施舟人认为："即使当今的新时代带来了某些改变，'分灯'的宏大场面和美学价值依然存在。正是由于灯在道教科仪中的独特角色，解释了仪式对于信众的重要性。"[68]"分灯"不只是在"三清"前点燃三盏蜡烛，而且在"分灯"结束时，还要点燃主副祭坛上的蜡烛以及围绕庙宇周围的油盏，这些即是经文中所称的"金箓灯"。这些油盏是为供奉神明所用，数量不定，上有神明的尊号。每位神明对应一对油灯，信徒交纳一定的金额后成为"灯主"，可获两盏灯，其中一盏挂于庙宇外，另一盏置于自家供坛前。仪式结束后，庙宇外的那盏油灯被灯主带回家中，与另一盏灯一同成为其"灯主"身份的证明。施舟人认为，"'灯'表明了信徒对于集体仪式的参与，同时也展现了听命于神圣权力的那些宗教领袖与普通信徒的社会差异"[69]。因此，点灯仪式是集体节日的重要时刻，这种仪式具有信众所重视和期待的特点——热闹、欢快：仪式中伴随着轻快的舞蹈和振聋发聩的道乐，这一切都显得迷人又神秘——这些或许是"分灯"仪式保持了长期生命力的原因之一[70]。

在"仪式描写"部分，施舟人记录了亲身经历的1967年3月26日晚22点于台湾苏厝村举行、按照《金箓祈安禳灾醮》的步骤进行、持续五日的"分灯"仪式，对该仪式的参加者（高功法师、都讲、副讲、引班、值香、主会、主醮、主坛、主普、三官首等）、神圣空间（坛场设置、神位安排、参加者的分工及职责等)、精确时间、道教音乐曲谱、仪式的程序、仪式的具体细节（三跪九叩、禹步、步虚）等各方面均进行了详细的描写，原原本本地将他所观察的"分灯"仪式进行了还原。

他指出，在当今依然沿用的仪式中，这些科仪传统归于同一卷。为撰写《分灯——道教的仪式》一书，施舟人使用了四篇道经，分别是《金箓分灯卷帘科仪全集》《灵宝分灯卷帘科仪》《灵宝开钟磬卷帘分灯科仪》《太上分灯科》。

施舟人在亲身体验道教仪式时，并未脱离文献进行纯粹的田野观察，相反，他将文献与田野调查进行了完美的结合。在《分灯——道教的仪式》一书中，他还介绍了明《正统道藏》中与分灯仪式相关的道经文献，现罗列如下。

1. 与分灯仪式相关的道经[71]

(1)《无上黄箓大斋立成仪》卷二十三《请光分灯仪》记录了完整的分灯仪式，与施舟人实地观察分灯仪式时所用道经大体一致，为施舟人所参考。

(2)《无上黄箓大斋立成仪》卷三十五[72]《释然灯》，即对分灯科仪的注释。

(3)《无上黄箓大斋立成仪》卷三十七《请光分灯节次》。

(4)《无上黄箓大斋立成仪》卷十九《礼灯仪》，包含《明灯颂》及《金箓简文》的大量引文。

(5)《无上秘要》卷六十六《明灯品》，其中提到《洞真智慧大戒经》。

(6)《上清洞真智慧观身大戒文》，此文的某些部分与《洞真观身大戒》和《洞真智慧大戒经》相符合。应早于陆修静，主要是关于存思冥想的。

（7）《上清洞玄明灯上经》，该书或成于南宋，包含某些源自上清经中的道教科仪的材料。

（8）《灵宝领教济度金书》，由宁全真（1101—1181）传授、林灵真（1239—1302）编辑。该书多处提到"分灯"，且在"分灯"和"宿启"之间提到"关金箓灯"。

（9）《灵宝领教济度金书》卷十《赞颂应用品》。

（10）《灵宝领教济度金书》卷十五《礼金箓灯仪》，涉及"礼灯"仪式，杜光庭曾征引。

（11）《灵宝领教济度金书》卷二十七《分灯仪》，其记载的内容与近世的科仪活动较为接近。其中所记的唱诵部分与实际仪式中所唱的内容不同，但所记的"点灯"仪式亦分三步进行，并与三清相关联。据此文献，礼仪结束时，道众需唱《明灯颂》和《正一阳光》。

（12）《灵宝领教济度金书》卷八十五《分灯仪》，该部分极为简短。

（13）《灵宝领教济度金书》卷一百三十六《分灯仪》，该文献与上文（11）类似，但某些念诵的部分各有差异。该文献中的《明灯颂》仅有一段。

（14）《灵宝领教济度金书》卷三百二十《斋醮须知品》，对"分灯"进行了描述。

（15）宁全真《上清灵宝大法》卷五十五《斋法宗旨门》，

对"请光"和"分灯"进行了描述。

（16）宁全真《上清灵宝大法》卷四十《斋法符箓门》，对"请光章"进行了描述：书写三张符箓，召请神仙，且伴随着在三清像前进行的点灯仪式。

（17）《正一威仪经》，该书成书时间不详，包含了关于"分灯"和"钟磬仪"的某些记载。

（18）金允中《上清灵宝大法》卷十六《黄箓次序品》，对"请光"仪式做了描述。

（19）金允中《上清灵宝大法》卷二十《登斋科范品》，对"分灯仪"做了描述。但该文献所述的"分灯"仪式与当今的操作不同，还评论了举行"分灯"仪式的不同方式。

2. 与"开钟磬"仪式相关的道经[73]

（1）《无上黄箓大斋立成仪》卷二十三《金钟玉磬仪》，上接《无上黄箓大斋立成仪》之《请光分灯仪》。与作者实地观察的仪式所用道经惊人地相似，但无"四牒文"。

（2）《洞玄灵宝钟磬威仪经》，该书成书年代不详，虽不直接涉及"分灯"仪式，但对于研究仪式中所用器物的象征意义具有某些启示。

（3）《灵宝领教济度金书》卷十四《金钟玉磬仪》，该文献的念诵部分异于《无上黄箓大斋立成仪》之《金钟玉磬仪》。施舟人实地观察的仪式中所用的道经中的"四碟文"在该文献中变成了向神仙呈献的"四符"，该文还在仪式完成时加上了四十九声钟磬合鸣。

（4）《灵宝领教济度金书》卷十四《金钟玉磬仪》。

（5）《灵宝领教济度金书》卷二百六十二《符简轨范品》，该文提到上文（3）中的"四符"，但无说明性文字。

（6）《灵宝领教济度金书》卷二百七十五《书篆诀目品》，与"四符"相配的有咒语，并对于"四符"呈献的对象——各位神仙及其尊号以及制"符"过程中所念咒语和动作等，一一做了说明和描述。

（7）《灵宝领教济度金书》卷二百八十二《存思玄妙品》。

（8）《灵宝领教济度金书》卷二百八十七《诰命等级品》，即呈献"四符"过程中的不同诰文。

（9）宁全真《上清灵宝大法》卷五十五《金钟玉磬》。

（10）宁全真《上清灵宝大法》卷四十《启阴召阳章》，上接《上清灵宝大法》卷四十《斋法符箓门》，其中包含"辟非符""禁坛符"，并有一段评论性的文字说明二符的使用，且透露了二符实源于"神宵法"，也即宋徽宗时期（1101—1126）引入道教科仪的"五雷法"。

（11）金允中《上清灵宝大法》卷二十《金钟玉磬仪》。该文献上接《上清灵宝大法》卷二十《登斋科范品》之"分灯仪"。

（12）《元始无量度人上品妙经四注》卷四，为六朝时期的重要道经。

（13）《玉京步虚经》，此经为六朝陆修静所作，其中有篇幅较长的《玉京步虚歌》可在某些道教礼仪活动中吟唱。在施舟人实地观察的这场仪式中,仪式接近完毕时吟唱的是第二句歌词"旋行蹑云纲"。《玉京步虚经》曾被大量古书征引,《续道藏》中即有一篇独立的《洞玄灵宝玉京步虚经》。

3. 与"卷帘"仪式相关的道经[74]

(1)《灵宝领教济度金书》卷二显示,在宋代的斋仪中,"卷帘"在"分灯"之后,引出"宿启"。

(2)《灵宝领教济度金书》卷十七《卷帘仪》,此仪式的主要活动是诵"表",也宣明"卷帘"仪式的诸法事。

(3)《灵宝领教济度金书》卷二百九十三《表榜规制品》。施舟人《分灯——道教的仪式》书末附《卷帘通真表》文。

(4)《灵宝领教济度金书》卷三百二十,对于"卷帘"法事的描述在"分灯"之后。

(5)宁全真《上清灵宝大法》卷五十五,包含对"卷帘"法事的描述。

(6)《玉音法事》卷二,是宋代出现的道教声乐谱集,内有"三清乐"的道词和曲谱。亦见于《高上神霄宗师式》。

在书末的"整理后的文本"部分,施舟人展示了经他重新整理的《金箓分灯卷帘科仪全集》以及《金钟玉磬科仪用四张牒文》("辟非牒""禁坛牒""含阴牒""昌阳牒")。

作为施舟人在道教仪式研究领域的代表作,《分灯——道教的仪式》可谓是法国道教学界将文献与田野调查完美结合而造就的道教仪式研究的典范,具有十分重大的意义。如果说沙畹的"投龙简"研究开启了法国对于道教仪式的研究,那么,施舟人的《分灯——道教的仪式》则"大概是第一部用西文编写的论述道教的一种仪式的专著"[75]。

（三）《道教之体》与《道藏通考》

之所以将《道教之体》与《道藏通考》置于一处分析，是由于如果说前者"揭示了一个新的视角"[76]，后者则是欧洲道教学界的集大成之作。

《道教之体》首版于1982年出版，1993年出版英文版[77]，1997年法文版再版。共分10章，分别是：

"道教"（Le Taoïsme）；

"日常宗教"（La Religion quotidienne）；

"神灵"（La Divinité）；

"神灵的主宰"（Les Maîtres des dieux）；

"仪式"（Le Rituel）；

"身体内部"（Le Pays intérieur）；

"老子，'道'之体"（Lao-tseu, corps du Tao）；

"守一"（Garder L'Un）；

"神仙"（Les Immortels）；

"不言之教"（L'Enseignement sans paroles）；

全书分述了道教的定义、历史，道教宫观寺庙、历法、节庆、饮食，道教神灵谱系、宇宙论，道教神职人员、符箓，道教仪式，道教的身体观、居于人体内的神真，道教长生之术（辟谷、炼丹）等。

施舟人在序言中称该书旨在透过道教的方方面面来描述"道教的概观",可见该书是"为了让西方世界全面认识中国社会而写作的"[78]。施舟人在序言中明确表示:"今天的道教是相当活跃的(Le taoïsme, aujourd'hui, est bien vivant)。"[79]要研究这样一种"活的宗教",施舟人采用了文本研究与田野考察相结合的研究方法。该书广征博引,随处可见对中国传统典籍以及西方汉学著作的征引,又有对道教仪式、宫观节庆等内容的实地调查,"既有西方世界对道教认识的传统内容,又包含着从宗教人类学和宗教社会学等角度对道教之总体的一些重要的新认识"[80],堪称"田野与文本完美结合的典范之作"[81]。

施舟人将"文本研究与田野考察相结合的研究方法"引入道教研究领域,对比历史和现实的材料,使二者互相支持、相得益彰。这种研究方法对后世产生了广泛而深远的影响,极大地拓展了学者们的研究视野,丰富了他们的研究内容。时至今日,欧洲、北美的一些国家和地区的研究者依然在沿着这条路径进行道教研究。

1979年,施舟人拟定《道藏分析与描述性书目》(*Tao-tsang Analytic and Descriptive Bibliography of the Taoist Canon*),旨在确定《道藏》中经文的作者、经文的成书时期及其所属的道派。该研究历时28年,最终以《道藏通考》的出版画上了句号。《道藏通考》是由施舟人和傅飞岚合作编辑、集中了欧美主要国家的道教研究骨干力量写成的三卷本巨著,"堪称道教研究史上最重大的历史事件之一,也是汉学研究史上的一座里程碑"[82]。

《道藏通考》共三卷,用英文写成。第一卷主要是关于古代到中古的道经,下分"一般流通类"(Texts in General Circulation)和"内部流通类"(Texts in Internal Circulation)两个类别,包括东周和六朝、隋唐五代的道经,涉及该时期的哲学经典、占卜术,医药学、养生术、炼丹术,道教历史地理,道教类书,天师道、上清派、灵宝派经书等;第二卷主要是关于近代(宋元明)的道经,亦分"一般流通类"和"内部流通类"两个类别,涉及该时期哲学经典及其注疏、占卜术、医药学、养生术、炼丹术、道教历史、道教类书、组织仪式、三皇经、灵宝派经书及仪范、道藏目录等;第三卷是道人传记、参考文献、29位执笔者简介(姓名、学术背景、主要贡献)、各类索引。三卷本《道藏通考》共1637页,堪称皇皇巨著,是"施舟人等欧美道教研究的集大成",对于今后的研究是"必不可缺的参考文献"[83]。据悉,四川大学道教与宗教文化研究所张崇富教授主持的专题研究(国家社会科学基金项目"《道藏通考》的翻译与研究")已完成对《道藏通考》的翻译,中译本即将出版。这将大大有助于国内道教学界借鉴西方道教研究的成果,加强中外道教研究的沟通和对话。

总之,作为法国道教研究的领军人物,施舟人在许多方面都居功至伟。日本福井文雅教授称赞他"不仅是法国,也是欧洲站在世界道教研究的第一线上的人物"[84],这个评价是十分客观的。

三、劳格文:《无上秘要》研究

劳格文是法籍美裔汉学家、人类学家、道教研究学者,亦是施舟人的学生。自 1977 年起,劳格文成为法国远东学院的成员,主要从事道教研究,后在法国高等研究学院从事教学和科研工作。自 2008 年起,到香港中文大学任中国研究中心教授。主要著作有《〈无上秘要〉——6 世纪的道教类书》(*Wu-shang pi-yao: somme taoïste du VIe siècle*, 1981)、《中国社会和历史中的道教仪式》(*Taoist Ritual in Chinese Society and History*, 1987)、《神州:道教视野中的中国》(*Le Continent des esprits: la Chine dans le miroir du Taoïsme*, 1993)等。自 20 世纪 90 年代起,劳格文在中国东南部进行田野调查和研究。自 1994 年起对客家地区的传统文化、民俗和宗教信仰进行研究,涉及福建、江西、广东等地,在海内外产生了极大的影响。

劳格文的《〈无上秘要〉——6 世纪的道教类书》分四部分:引言,介绍了《无上秘要》成书的历史背景、佛道论争、《无上秘要》中的道教;敦煌写本《无上秘要》目录的翻译,其中用法文翻译了敦煌目录中的卷名、品名以及各义类的描述性文字;《无上秘要》中的道经简介;《无上秘要》中所引道经汇总,其中包括《道藏》中所见道经、佚失道经、辅助性道经等。

(一)引言

劳格文介绍,据《续高僧传》记载,《无上秘要》是现存最早的道教类书,也是编撰体例最好的类书:"在所有的道教类书中,无论是从主题的丰富程度,还是对道教修炼方法的描写,亦或是对内容的组织方面而言,仅有《云笈七签》能与《无上秘要》相媲美。"[85]

据劳格文统计，《无上秘要》原有一百卷（chapitre），这一百卷分为288品（section），这288品又被重新分类加以归纳，构成49义类（catégorie）。这样的编撰方法符合系统的编排体例，"使得《无上秘要》不仅仅是一部道教类书，而且是六世纪末期的道教总集。"[86]而《无上秘要》原有的一百卷，今《道藏》仅存六十六卷[87]。

劳格文对《无上秘要》的研究有助于学界从整体上对六朝时期道教的重要派别进行整体、全局性的把握。劳格文非常强调《无上秘要》这部卷帙浩繁的著作所体现出来的"皇家意志"（volonté impériale）。但他发现，《无上秘要》的仪范传统来源于灵宝派，而天师道作为灵宝派赖以发展的基础，其经典在《无上秘要》中却几乎了无痕迹；同时，虽然在《无上秘要》对天师道的教团组织有所描述，其对信徒的基本要求也有所列举，但却对天师道的科范仪式予以严厉的抨击[88]。一方面是天师道在社会和道教教义方面的重大影响，一方面是《无上秘要》的编撰者面对天师道的小心谨慎，因此劳格文认为这种对天师道经典的排除实际上是有意为之："这极有可能是因为北周武帝本人想以国家宗教首领的身份取代天师道的天师。"[89]

劳格文从三方面介绍了《无上秘要》的编撰：历史背景，佛道论争、《无上秘要》中的道教。

1. 历史背景

劳格文认为，北周皇帝自周武帝宇文邕之父——北周太祖、文帝宇文泰开始，便常"思革前弊""依周制改创其事"（《周书》）；此后，周武帝更是子承父志，常按《周礼》行事。《周礼》云"惟王建国"，这恰是《无上秘要》第六义类"惟王建国、光宅天下、布德为政、在于慎兵"的开宗明义之言。《周书·武帝纪》记载，周武帝"必使天下一统，此其志也"——他深知欲统一中国，必先建立"正统的宗教和思想"，于是实行统一思想的政策。该政策的关键之举便是开设通道观，此乃专门研习道教的机构，《无上秘要》当在此编撰而成。虽然通道观为研习道教的场所，但通道观学士却包括了佛道二教人物。按照北周武帝的意愿，编撰《无上秘要》是要减轻佛教对于道教的批判，并使之成为一种严密的思想体系以及"一以贯之"的国家制度之基础[90]。

劳格文认为，《无上秘要》的编撰还有一个历史背景，即北周武帝灭佛。北周武帝灭佛的最根本原因是佛教为外来宗教，"佛生西域寄传东夏"[91]，"朕非五胡，心无敬事，既非正教，所以废之"[92]。由此可见北周武帝为了让自己树立符合华夏正统的圣君形象所做出的努力。劳格文指出，道教虽不能与儒教相提并论，但它至少不是"异教"，而是吸收了一部分佛教的宇宙观，从根本上说是建立在中国传统宇宙观基础之上的"秘教"[93]。

2. 佛道论争

《广弘明集》卷八记载，北周武帝曾于公元569年三次"敕召有德众僧、名儒、道士、文武百官二千余人"，于正殿"量述三教"。第一次讨论的结果"以儒教为先，佛教为后，道教最上";第二次讨论中,周武帝曰"儒教道教,此国常遵,佛教后来";第三次讨论后,周武帝敕令司隶大夫甄鸾"详度佛道二教,定其深浅、辩其真伪",后甄鸾上《笑道论》三卷,武帝召群臣讨论,结果是《笑道论》被视为"伤蠹道法",武帝命"即于殿庭焚荡"。随后,道安法师向武帝上《二教论》,此书让武帝暂停量述三教。

劳格文认为,甄鸾《笑道论》和道安《二教论》能为研究《无上秘要》中的道教提供一个"比较点"(point de comparaison),因此极为重要。它们一为士大夫所作,一为僧人所作,实则观点有相似之处,且能互补。"如果说甄鸾是通过具体而微、但缺乏连贯性的攻击来嘲讽道教,道安则是通过更加理论化的推理来论证道教本身并不成其为'教'"[94]。

道安《二教论》认为,道教与道家并无共同之处:老子"虚无为本、柔弱为用"的思想具有极高的价值,而道教所谓的"练服金丹、餐霞饵玉、灵升羽蜕、尸解形化"均与老庄的主张背道而驰,却与那些欺骗了汉武帝和汉光武帝的方士的荒诞之言和谶书有着相似的性质[95]。他还攻击天师道,说"今之道士,始自张陵,乃是鬼道,不关老子",张道陵"为大蛇所噬"而死,而其"弟子妄述升天";张道陵之孙张鲁"造作符书,以惑百姓"。道安在叙述了天师道的起源后,列举并批判了道教的种种恶习。他说:"敬寻道家,厥品有三:一者老子无为,二者神仙饵服,三者符箓禁厌。"他肯定《老子》和《庄子》内篇的价值,但认为其他道经均系后来伪造[96]。

甄鸾《笑道论》则以佛道之不同定义开篇："佛者以因缘为宗，道以自然为义。自然者无为而成，因缘者积行乃证。"(《广弘明集》卷九）劳格文指出，甄鸾与道安一样，均肯定《老子》对于国家和个人所起的重要作用，但称道教的"符书厌诅之方"与前者毫无共同之处，"岂大道自然虚寂无为之意哉？"

3.《无上秘要》中的道教

（1）《无上秘要》与佛教徒的批判。

劳格文认为，读道安和甄鸾批判道教的作品，给人感觉其语气轻慢，具有攻击性，却又停于表面。他们长于修辞，精于讽刺；作为辩论家，他们以发现道经中的矛盾为乐。然而，他们的论证却并不深入。同时，甄鸾和道安似乎对北周武帝的判断有偏差。劳格文指出，实际上，道士们施行的巫术活动几乎不会令周武帝不快，因为周武帝本人也曾为了祈雨而下令禁酒并进行自我批评。另外，道教的宇宙空间观念亦不会冒犯北周武帝，因为其政治雄心也恰恰要求国家有一种能囊括上天和地狱的、包罗万象的宗教。[97]而《无上秘要》的编撰正好满足了北周武帝统治国内思想的要求。至于道士们对于佛经的抄袭以及对佛教概念的借用，这仍然符合北周武帝的目的：如果道教能够对佛教加以吸收且并不损害自身身份的话，周武帝便能一石二鸟——这样一来，他既能解决佛道纷争，又能杜绝国家缺乏统一的思想意识。如此，通过道教，周武帝便有了一种"一以贯之"的统一宗教（religion universelle）。[98]

因此，劳格文认为："《无上秘要》中的道教与道安和甄鸾所批判的道教相比，是一种经过提炼和合理改造的道教，是一种贵族的、百科全书式的道教。通过它，编撰者们意欲界定从地仙到天神的等级阶位，并建立一种坚实而全面的思想基础。简言之，这是一种皇家道教。"[99]

（2）《无上秘要》中的世界。

劳格文指出，迄今为止，仅有《无上秘要》敦煌本目录能说明《无上秘要》从头至尾的结构：该道教类书原有 100 卷、288 品、49 义类。不管是从局部还是从整体而言，其编撰过程均服从一个基本的原则，即先讲述背景（contexte），再讲述事件（événement）；或者说先展开空间（l'ouverture d'un espace），再讲述时间中的活动（animation dans le temps）。这个基本原则在道教仪式中显得尤为突出[100]。

在这一部分的研究中，劳格文结合 49 义类，从头至尾详细地介绍了《无上秘要》这部道教类书的整体结构与布局[101]：该书以卷一"大道品"为始，以卷一百"入自然品""洞冥寂品"[102]为终，复归于"大道"。

（二）敦煌写本《无上秘要》目录的翻译

在此部分中，劳格文以伯希和 2861 号敦煌写本、大渊忍尔《敦煌道经目录编》（*Tonkô dôkyô mokuroku*，1978）为依据，用法文翻译了敦煌目录中的卷名、品名以及各义类的描述性文字[103]。

（三）《无上秘要》中的道经简介

在该部分中，劳格文以"品"为主题单位，结合敦煌道经目录,将《无上秘要》中某个主题的道经进行整理汇总,并用法文概括翻译了相关道经的主要内容[104]。其所陈述的"品"主要如下:

"日品""月品""星品""三界品""九地品""灵山品""林树品""仙果品""山洞品""洞天品""神水品""人品""身神品""人寿品""劫运品""帝王品""洲国品""论意品""王政品""修真养生品""灵官升降品""众圣会议品""众圣本迹品中""众圣本迹品下""众圣冠服品上""众圣冠服品下""天帝众真仪驾品""仙歌品""灵东品""仙都宫室品""三界宫府品""真灵治所品""正一炁治品""三宝品""真文品""天瑞品""地应品""三皇要用品""灵宝符效品""上清神符品""九天生神章品""九天琼文品""三十二天赞颂品""经文出所品""经符异名品""经德品""经文存废品""遇经宿分品""众圣传经品""传经年限品""轻传受罚品""师资品""法信品""授度品""授度斋辞宿启仪品""授道德五千文仪品""授洞神三皇仪品""授洞玄真文仪品""授洞真上清仪品""策杖品""策版品""投简品""奏简品""事师品""修道冠服品""读经轨度品""诵经品""玉清下元戒品""玉清中元戒品""玉清上元戒品""升玄戒品""洞玄戒品""洞神戒品""正一五戒品""斋戒品""受法持戒品""灵宝斋宿启仪品""三皇斋品""涂炭斋品""盟真斋品""三元斋品""金箓斋品""黄箓斋品""太真下元斋品""太真中元斋品""太真上元斋品""专诚品""柔弱品""虚靖品""山居品""违俗品""沐浴品""入室品"

"明灯品""烧香品""叩齿品""咒请品""启志愿品""服五气品""咽云牙品""饵玄根品""地仙药品""天仙药品""太清药品""太极药品""上清药品""玉清药品""得鬼官道人名品""得地仙道人名品""得地真道人名品""得九宫道人名品""得太清道人名品""得太极道人名品""尸解品""练质品""易形品""长生品""地仙品""天仙品""升月庭品""升日门品""升太极宫品""升太微宫品""升上清品上""升上清品下""升太空品""升紫微宫品""升紫庭品""升紫虚品""升紫晨品""升玉宫品""玉清品上""玉清品下""升九天品""升太清品""升无形品""应变化品""会兼忘品""入自然品""洞冥寂品"。

（四）《无上秘要》所引道经汇总

在该部分中，劳格文整理了《无上秘要》中的引经和引文，并将它们同《道藏》中的文献进行了比较和对照[105]。

综上可见，劳格文《〈无上秘要〉——6世纪的道教类书》一书是研究六朝时期道教文献的重要著作，显示了作者深厚的文献功底。索安在《西方道教研究编年史（1950—1990）》(*Chronicle of Taoist Studies in the West, 1950—1990*, 1989)中称赞该书，表示"研究《道藏》中的类书和卷帙浩繁的仪式类书，可以借鉴劳格文探讨《无上秘要》（Lagerwey, 1981）的佳作"[106]。这再次彰显了法国道教研究中重视道教基础文献的优良传统。

四、贺碧来：上清经研究专家

贺碧来亦是康德谟的学生，在法国高等研究学院取得博士学位，是一位多产的道教学者，也是欧美道教学界中对于上清派研究最多的学者。她的著作中最为著名、最受人称道的即是她的扛鼎之作《道教史上的上清降经》（*La Révélation du Shangqing dans l'histoire du Taoïsme*，1984）。

全书分上下两册：上册旨在厘清古老的和后世的上清经之间的复杂关系，确立上清派思想的传承谱系，并将上清派置于整个道教发展历程的大背景中。由于杨羲所受的经书有着明确的成书时间，因此成为贺碧来研究上清经的重要参照；以此为坐标，贺碧来的研究对象扩大至那些进入上清系统的"伪经"，以及那些早于杨羲所受经书，却在后世遭到改动的上清经。下册则试图恢复某些上清经的原貌、排列和布局，揭示哪些是最古老、最原始的上清经内容，哪些是后人在这些经书的基础上以隐晦的方式进行的增补。如此，可帮助研究者准确地对某些上清经进行断代，确定它们的成书时间。

上册共分三大部分："历史的承袭""上清派的贡献""上清派与后世"。

（一）历史的承袭

此部分共七章，分别探讨了以下七方面的问题。

1. 南方传统的传承谱系

此部分要从葛洪追求长生成仙及其修仙方法说起，继而涉及太清金液神丹的神丹方传统，鲍靓所受"太玄阴生符"、《三皇文》,《五岳真形图》以及《六甲灵飞经》,"步罡"传统,《灵宝五符序》。

2. 南方奉行的修炼之道

在葛洪的时代，南方吸收了中国各地的方术，其中较为盛行的主要有"六甲""行厨""金丹"以及《三皇文》《五符经》和《皇人经》中的修炼之道等。另外，贺碧来区分了本体论及玄学意义上的"一"和经过神格化后的"一"[107]、作为一种精神思想的"守一"和作为一种修炼方法的"守一"[108]、作为身神的"三一"和作为人体组成部分的"三一"[109]，并探讨了吸取宇宙精华的方法[110]。

3.《真诰》中的历史遗存

首先，贺碧来探讨了《真诰》在上清经中的地位。她认为，《真诰》是连接上清系之前的古老传统以及杨羲所受降经之间的一个重要环节。其次，贺碧来介绍了《真诰》中修习方法的层次，由低到高为草木之药，行炁、房中、导引，神丹，诵读《大洞真经》[111]。同时，贺碧来介绍了上清派的"笃志"、草药与养生的关系[112]、房中术[113]、金丹[114]等，以及《真诰》所保存的古老的存思方法[115]，如内视、虎豹符和禁山符、守玄白[116]、守一[117]、洞房、服日月精华[118]、丹方[119]等。

4. 上清派诸真及其传记的贡献

贺碧来认为，上清派的诸真传记是研究上清经的重要材料。这些仙真的生活年代早于杨羲，有些甚至要早几个世纪。他们的传记构成了杨羲所受降经的一部分，因为通常情况下，这些传记的作者即是降授杨羲经书的诸真之一，或是传主的弟子，或是传主。如《王褒传》的作者为其弟子魏华存，《紫阳真人传》和《裴君传》则为自传；其他如《苏林传》的作者则被认为是紫阳真人，而《魏夫人传》作者范邈也是为杨羲降授经书的仙真之一。所有这些传记均由下降的仙真授于杨羲。

贺碧来发现，这些传记均与一个或多个药方有关，某位神仙的形象又与某种存想方法的传授有关。其中，药方的地位不及存思，存思又不及上清经中的修炼方法，如此便构成了三个等级。贺碧来试图重绘那些与传记相关的药方的历史，分析上清经诸真传记中的药方[120]和存思之法[121]，以厘清那些在杨羲受经之前的求仙者与上清派的联系。

通过仔细分析，贺碧来认为，上清经中的诸真传记与《真诰》中的记载类似：它们与那些低级的药方相联系，这些药方能去除三尸虫、治愈疾病，为后续的存思修炼做好准备。因此，古代的修仙传统在上清经中留下了鲜明的印迹，以至于上清经甚至可以被视为研究这种传统的素材。她认为，有必要继续探讨的是，在与这个古老修仙传统形成同时或者更早的时期，是否还有其他的宗教运动也对上清派思想的形成产生了影响。

5. 上清派与天师道

贺碧来通过实例指出，上清派与天师道之间存在联系，这是毫无疑问的。这些实例包括：魏华存曾任女祭酒（libatrice），这说明她曾是天师道的一员，这可在陶弘景的《登真隐诀》中得到证实；早于杨羲接受降经的华侨也是通过一位祭酒而入道[122]；祭酒李东曾授许谧的兄长许迈"六甲阴阳符"；许谧之子许翙曾修行一种传自张鲁的尸解之法；此外，《茅山志》引陶弘景《登真隐诀》言杨羲曾抄录张鲁所书的《道德经》[123]。

贺碧来认为上清派与天师道的联系时而明确、时而隐晦，从三方面对二者的关系进行了探讨。

一是上清派与天师道的共同点。

这首先可以通过上清经自身的内容反映出来。如在《真诰》记载的修炼方法中，有出自陶弘景所称的"泰清家有正一平炁"，这是修炼之人入静焚香所应遵循的仪轨。这些仪轨与《登真隐诀》有着直接的联系。其中，《登真隐诀》卷下最能反映上清派对于天师道的继承。该卷记有魏夫人的生平，其中有张道陵对魏夫人的教诫。除了《登真隐诀》，贺碧来还对《正一法文十箓召仪》与上清派的《洞房经》《胎精脱解》和《胎精中记》等经文中的身神进行了比对[124]，并认为从中亦可发现天师道和上清派的相似性。

上清派与天师道的其他共同点则是形式上的。例如，在正一道的某些经文中，信徒的祝祷多具有"连祷文"（litanie）的形式，且每次祝祷皆以"欲""愿"开始。在上清派的经文中，亦具有相同形式的礼愿。这些祝祷文的形式重复、稍显机械，其实与当时盛行的上清经的形式是相反的。因此，这种形式的祷文当由天师道而来。

通过以上分析，贺碧来得出以下结论：上清派与天师道的亲缘关系并不多，且二者的相似性主要局限在某些零散的借鉴、若干个相似的身神和某些仪礼形式上[125]。

二是上清派与天师道的区别。

贺碧来认为，相较于二者的相似性，上清派与天师道之间的差异是十分巨大的。这些差异主要体现在二者的神仙系统、信徒与神灵的关系、魔鬼系统、二者关于身体和除罪的观念上。

首先，关于二者的神仙系统，贺碧来指出：《登真隐诀》卷下确实提供了上清派信徒向天师道神仙祷告的证据，但是，该卷出现的神仙并未出现在其他任何一卷上清经中。换句话说，那些接受上清新降经的信徒纯粹只是在形式上对这些神仙表达敬意，而这些神仙实则一直处于信徒的宗教生活之外。实际上，信徒们真正祷告、存思以及在神游时与之相遇、为之吟唱颂歌的，是上清派的而不是天师道的神灵。上文中《正一法文十箓召仪》中的身神与上清派神仙的相似性仅是一个孤立的现象[126]。

其次，关于信徒与神灵的关系，贺碧来认为上清派与天师道完全不同。天师道的弟子可以呼告神灵前来相助，而上清派的弟子则呼请仙真前来并尽量与之结合；天师道的弟子通过符箓请神前来，而上清派的弟子则依靠存思和"经"；天师道的弟子不能直接与神灵对话，须以天师道的道士为中介，而上清派的弟子则无须中介即可直接与神灵对话;天师道的经文面向那些隶属于某个道团的"道官""祭酒""道民",而与此相反,上清派的经文面向个体的修炼者,即"兆""道士""我"[127]。

再次,关于二者的魔鬼系统,贺碧来指出,天师道的"鬼"数量众多,活动也多种多样,各有分工,令人心生畏惧,是支配信徒宗教生活的一个重要因素;而上清经则不称"鬼"而常称"魔"(上清经中的"鬼"多指亡者的灵魂),该词受佛教启发而来,与天师道"鬼"的概念有所不同,它们并不直接损害人的身体,它们的活动主要是引诱修炼之人,为他们制造混乱[128]。

6. "嫁接"之道与"三洞"之源

贺碧来通过对"三奇"以及对《素灵经》《太丹隐书》《三元真一经》《灵书紫文》《大洞真经》等的分析后发现,可在《素灵经》中发现"三洞"的主干和雏形[129]。而正是在《素灵经》中发现了"三洞"这个词语以及"三洞"的雏形。

7. 上清派与佛教

上清派与佛教之间存在联系,学界对此早有所知,且很早就曾有人指出《真诰》曾借鉴《四十二章经》。贺碧来则注意到了上清派对于佛教的好感,主要从三方面展开了研究。

一是上清派在形式上对于佛教的借鉴。她发现,上清经并未像灵宝经那样承袭佛经的开篇风格,并且,上清经中众多的"颂"和"赞"亦从未被称为"偈",而是采用了典型的上清派的词汇和意象,内容亦并非向佛教借鉴而来。

二是上清经中由佛教借鉴而来的词语。贺碧来列举了29个这类词语及其在上清经中的用法，它们是"八难"、"本愿"、"波罗尼蜜天"（或"波罗尼耶拔致天"）、"波梨答和天"、"不骄乐天"、"大梵天"、"兜术天"、"法轮"、"梵"、"梵摩迦夷天"、"凡人"、"弗于逮"、"化应声天"、"劫"、"空"、"轮转"、"魔"（或"魔王"）、"入定"、"三宝"、"三界"、"三途"、"身出水火"、"十方"、"天魔"、"五苦"、"相"、"阎浮利"（或"阎浮梨"）、"耶尼"、"郁单"。她认为早期的上清经所使用的大部分佛教词汇或者无实义，或者具备了完全属于道教的且与佛教无关的含义。[130]

三是由佛教借鉴而来的词语的性质。贺碧来认为，由于上清经中劝诫的成分较少，因此上清经在这一方面未向佛教有过借鉴。而上清经的宇宙观念则向佛教借鉴了部分表达方式。她认为，在上清经向佛教借鉴的内容中，宇宙论方面的成分是最多的[131]。但这些借鉴而来的成分或者无实际含义，或者建立在中国固有的传统之上。

通过以上分析，贺碧来关于"上清派与佛教"的关系的结论如下：

> 上清派向佛教借用的词语虽然多于天师道经书中的佛教词语，但这些借词的数量仍然较少，并且停留在表面的层次。它们的词义或者十分模糊、或者与其佛教原义相去甚远，使用亦甚为稀少；随着时间的推移，这些词语的使用频率有所增加，产生了更多的变体和衍生词，含义变得愈加清

晰。研究这些词语的性质、数量、使用方式，有助于判断某些道教经书的成书年代。[132]

(二) 上清派的贡献

1. 上清派的作品总集——上清降经

贺碧来首先探讨了上清经的性质。她认为，在《道藏》的所有经书中，上清经位列于那些文学价值最高的经书之列[133]。上清经将早已存在的修炼方法纳入自己的体系并加以发展，如存思神真、服食宇宙精华、远游等。总之，在这个过程中并没有出现绝对全新的东西。因此，她认为"上清经是一个极好的典范，它彰显了新教义和旧传统之间的关联"[134]，并视之为上清派的最大贡献[135]。她还指出，上清经的性质首先是神圣性，它们重拾并发展了中国古代传统中早已有之的神圣经书（texte sacré）的观念，并赋予了它一种恢宏的形式和与日俱增的影响力[136]。

随后，贺碧来分析了上清经的功能："经"是神明传递的信息，来自上天的秘诀，借以返回本源（l'Origine）的工具和连接天地并传至信徒的事物；它首先将神圣世界与世俗世界联系起来的桥梁，并统一了"始"和"终"[137]。由于"经"的这种统一和连接的功能，信徒和神仙之间的关系则呈现出一种个人的、直接的形式。它致力于将神的能量倾注于人的身体和精神之中[138]。

2. 上清派教义的一致性

贺碧来认为，上清经的总体结构具有一致性和严密性，这是上清经的一大特点："这可以通过上清派内部经与经的关系得到印证——这些经书之间或者互为参照，或者具有共同的教义基础。"[139]后者表现在人的观念、神仙殿、宇宙论、基本的修炼方法四个方面。

3. 上清经对道教的文学贡献

贺碧来指出："上清经的风格在道教史上成为一个转折点，对后世道教的语言产生了不可忽略的影响，我们不可能视而不见。"[140]它"创造了一种此前不存在的诗性文风，并为灵宝派所借鉴；且后世道教经书中很多词语、表达方式、隐喻等，均自上清经承袭而来"[141]。贺碧来梳理了上清经中赞颂主题的总体模式的形成过程，发现这种模式是随着一种歌颂远游和神灵现身的诗歌潮流而产生的。这种潮流始于《楚辞》，兴于汉魏，并产生了一些"意象的集合"和丰富的描述性词语，这也是上清经所独有的文学和诗歌价值。此外，贺碧来还留意到上清经中异常丰富的描述性词语、隐喻和上清派特有的专有名词等。

4. 上清经中的成仙与救度

贺碧来首先梳理了从《庄子》《淮南子》等经典到葛洪笔下以及南方秘教传统中的神仙形象的变迁过程[142]，发现上清派承袭了这些神仙意象，并引入了"胞胎死结"的观念来解释人死亡的原因（这是上清派的一个"发明"），其结果是上清派的修炼思想朝着"内化"（intériorisation）的趋势发展，其具体表现，一是上清经赋予了存思术在所有修炼方法中的优先地位[143]，二是在修炼中已不见任何政治忧患的痕迹[144]，三是存思术"压倒"了道教仪式和道教法术[145]，四是房中术也内化了[146]。

(三）上清派与后世

此部分共三章，分别是"早期上清派与古灵宝派""早期上清经的改动""其他道派的经书对于上清派思想的吸收"。

1. 早期上清派与古灵宝派

此章共分三部分，分别为"古灵宝经与上清经的关系""上清经对灵宝经的影响""三洞：灵宝派对道教经书的整理"。

在第一部分"古灵宝经与上清经的关系"中，贺碧来首先比较了灵宝派和上清派的"取向差异"（les différences entre l'orientation）及其原因：上清派注重个人的成仙及修炼方法，而灵宝派则兼具了《五符经》、天师道和佛教的思想，且灵宝派比上清派有着更加明显的"制度化"特征[147]。贺碧来遂从两派的"制度化"程度和受佛教影响的多少以及两派的神仙殿和宇宙论三方面分析了这种取向差异。

在第二部分"上清经对灵宝经的影响"中，贺碧来再次强调，上清经对于灵宝经的影响不一，应视某部具体的灵宝经而定。按照受上清经的影响程度，贺碧将灵宝经分为三类：一是出自《五符经》谱系的灵宝经，这类灵宝经与上清经尤为相近[148]；二是几乎未受上清经影响的灵宝经，这类灵宝经多受佛教影响，道德说教的色彩较浓，因此其内在思想、外在文风和用语等均与上清经迥异[149]；第三类灵宝经所受到的上清经、天师道和佛教的影响融合在一起[150]。随后，贺碧来从"救度观念""文风与描写""经的观念""神仙殿""神秘世界"五方面对于"上清经对灵宝经的影响"进行了分析[151]。

最后,在第三部分"三洞:灵宝派对道教经书的整理"中,贺碧来指出,虽然灵宝派推翻了上清派的价值体系(灵宝派将遵守训诫和斋仪放到首位,而将存思术置于次要地位),它却并未将上清派的修炼方法贬斥为低级方法[152]。反之,灵宝派给予了上清经最重要的地位:它从上清经那里承袭了诗性文风、神仙意象、天界洗练。灵宝派的整个人论(anthropologie)和大部分的宇宙论都建立在上清派的基础上。灵宝派十分清楚这种历史承袭,因而对上清派表现出尊重,这也体现在"三洞"的编纂上[153]。

2. 早期上清经的改动

本章分三部分进行探讨:"外来成分加入上清经""上清经的系统化""上清经的仪式化"。

在第一部分"外来成分加入上清经"中,贺碧来分析了外来成分加入上清经的三种方式:一是增加早期上清经的章节,典型的有《智慧消魔经》《龟山玄箓》《太霄琅书》[154];二是改变上清经的内容(加入其他道派的内容),典型的有《洞房经》《太丹隐书》等[155];三是模仿上清经造作伪经,如《九真中经内诀》《三天正法经》《上清金真玉章八景飞经》《上清豁落七元符》《三九素语》《太上仓元上箓》《九真明科》《四极明科》《大洞三景宝箓》等[156]。

在第二部分"上清经的系统化"中,贺碧来通过上清派律书(code)的确立、上清经集的编撰来分析问题。关于律书,她发现《黄素四十四方经》极可能是上清经中的第一部律书。其名称虽属上清派，但其成书时间晚于杨羲所受降经。此律书探讨了《大洞真经》的功用以及以《大洞真经》为基础造作的伪经，体现出某些有别于天师道和灵宝派的等级内容。这是上清经系统化的开端，但这种系统化仅仅涉及以《大洞真经》为基础而造作的伪经，这些伪经由此正式进入上清经的体系[157]。贺碧来指出，如果说《大洞真经》仅涉及几部经书，那么，其他律书则将新的经书引入上清系统，并明确规定了这些经书传授过程中的礼仪规范。于是，上清经的"制度化"趋势愈加明朗，同时，上清经也由于伪经的汇入而更加丰富。

在第三部分"上清派的仪式化"中，贺碧来认为，上清经的系统化过程伴随着上清派修炼方法的仪式化，具体体现为"诵经的仪式化""人神关系的仪式化"。首先，关于"诵经的仪式化"，贺碧来指出，从一开始，上清经中就有一些与诵经仪式相关的经文片段，如《真诰》即明确了学道者在念诵经文时咽液和叩齿的节奏[158]，但这类规定多停留在形式上，且数量十分稀少。反之，最早出现的那些伪经开始包括越来越多的仪式性内容。其次，关于"人神关系的仪式化"，贺碧来指出，在天师道中，人神沟通须以天师或道士为中介，而对于上清派而言，人与神的沟通模式则完全是内在且私密的[159]。

最后，作为本章内容的总结，贺碧来认为，上清经的这些变动说明"上清派的总体趋势是与其他道派相融合。它更加广泛且深入地吸收了佛教的成分，并且显示出仪式化和制度化的趋势。"[160]

3. 其他道派的经书对于上清派思想的吸收

在此章中，贺碧来通过"道典汇编中的上清经""后世经书对于上清经的征引、模仿和借鉴""道教仪式中的上清经和上清派的修炼方法"探讨其他经书对于上清派思想的吸收。

在第一部分"道典汇编中的上清经"中，贺碧来指出：最早的道教类书给予了上清经以极为突出的优势地位，例如，《无上秘要》征引最多的道经即是上清经，在涉及某些具体的主题时，如"宇宙论"[161]"人论"[162]"尸解"[163]"天宫地名"[164]"神仙描述"[165]"赞颂"[166]"服药"[167]"经书"[168]"神仙"[169]"存思术"[170]等，《无上秘要》几乎只征引了上清经[171]。《三洞珠囊》以及《太平御览》所征引的上清经多于其他道派的经书。在更晚出的《云笈七签》中，上清经为《云笈七签》的"宇宙论"[172]"人之形成"[173]"存思修炼方法"[174]"尸解"[175]"赞颂"[176]等内容提供了最多的材料。此外，贺碧来还发现部分道教神仙传记亦来源于上清经，例如杜光庭《墉城集仙录》之卷二、卷三、卷五的大部分内容来源于《真诰》，《历世真仙体道通鉴》《历世真仙体道通鉴后集》等也向《真诰》吸收了内容[177]；甚至主要以内丹为主的《道枢》也在上清经中有所借鉴[178]。此外，还有一些阐述呼吸和服药方法的经书也对上清经有所借鉴[179]。

在第二部分"后世经书对于上清经的征引、模仿和借鉴"中，贺碧来重点分析了《九天生神章经》和《汉武帝内传》对于上清经的征引和模仿。她指出，《九天生神章经》有三种评注，它们在解释《九天生神章经》时均征引了上清经，其中尤以《洞玄灵宝自然九天生神章经解义》最甚。对于《汉武帝内传》，贺碧来则认为"上清派的诸真传记为《汉武帝内传》提供了模式，而《汉武帝内传》则比前者更具小说的特征"[180]，且该书中的宗教性文字、赞颂、祝祷和药方均直接从上清经中摘录而来。

在第三部分"道教仪式中的上清经和上清修炼方法"中，贺碧来以灵宝派仪式中的上清派元素为例，指出上清派的某些元素——如存思法、神仙殿、生理学（如人脑的九宫）、宇宙论、赞颂、祝祷等进入了灵宝派的仪式[181]。

最后，作为对上册内容的总结，贺碧来指出："上清派的宗教是一种现世的、神灵降现（épiphanie）的宗教，而不是给人以允诺、让人等待或宣扬末世论（eschatologie）的宗教。在这方面，它明显地有别于以《太平经》的乌托邦思想为主导、或以丧葬崇拜、弥赛亚主义（messianisme）为主导的其他道派。"[182]

该书下册则是关于上清经的解题。其中，贺碧来试图辨别某一部经书是否为上清经，还原其成书时的形态，将之归类，并辨别后世经书和仪式向上清经所做的借鉴。她在浩瀚的道教经籍中整理出了数量众多的上清经，并对其加以研究。据索安统计，贺碧来"探索、分析了公元 4 世纪时的 140 多篇上清经，并从通行本《道藏》中重新整理出大约 260 篇上清经"[183]。

贺碧来对于上清经文本的文献研究是其为撰写《道教史上的上清降经》所做的基础性工作。在此基础上，贺碧来并不局限于观察或复述上清经的历史，而是以全局观和整体视野进而重建了道教自身发展的内部历史。该书中无处不见的广博征引、精密考证,无不体现了作者深厚的文献功底,令人叹为观止。著名学者吕鹏志对此给予了高度评价,认为该书是道经解题的"纪念碑式著作"(monumental work)[184]。总之,贺碧来的《道教史上的上清降经》被公认为是国外关于上清经研究的功力深厚、分量极重的一部专著。

五、傅飞岚:杜光庭研究

傅飞岚,1952 年出生于澳大利亚悉尼,曾在牛津大学的中国文学专业和法国高等研究学院的中国宗教专业攻读博士学位。2002 年受聘为法国远东学院道教史教授。傅飞岚主要研究《道藏》、唐末五代高道杜光庭(850—933)的思想和五代及以前的四川宗教史。他著述甚丰,其中有《杜光庭(850—933):中古中国末叶的皇家道士》(*Du Guangting 850 - 933*: taoïste de cour à la fin de la Chine médiévale, 1989)[185],以及与施舟人教授合编的三卷本巨著《道藏通考》。

在《杜光庭(850—933):中古中国末叶的皇家道士》中,施舟人先生为之作序,称:

> 迄今为止,人们对这位高道和他在历史上的角色仅有肤浅的认识。杜光庭以后的法师们更多地视之为一位将古代仪式进行了保存、传授和系统化的杰出的科仪专家;儒家文人则认为杜光庭仅是一位写作奇异故事和小说的作者——他们正是如此评价他的仙道传记;研究中国宗教的历史学家则认

为他是一位涉猎广泛而啰嗦的作家以及各种体裁的文献的辑录者。傅飞岚这项研究的重大作用——但远非唯一的作用——是让我们超越目前零碎而肤浅的认识,去发现杜光庭其人、其时代以及他的作品。[186]

傅飞岚的《杜光庭(850—933):中古中国末叶的皇家道士》首次深入地研究了杜光庭的生平和作品。他十分熟练地运用了自唐末黄巢起义至五代时前蜀灭亡的丰富史料,勾勒了杜光庭这位先后为唐朝和前蜀宫廷服务的高道的道教生涯,以及他在天台山学道直至在青城山隐退、去世的人生经历。该书以杜光庭的生平为轴线,共分为以下五部分。

(一)一位宫廷道士的诞生(850—875)

该部分讲述了杜光庭在浙江处州度过的青少年时期,在唐懿宗朝考进士落第而转赴天台山师从天台道士应夷节学道的过程,以及天台山的师道传承和杜光庭赴唐宫廷应诏等事件。

(二)长安(875—881)

该部分描写了唐僖宗时期的宫廷状况,以及杜光庭任僖宗朝麟德殿文章应制、内供奉、弘教大师、太清宫赐紫道士等经历,介绍了皇家祭祀老子的中心——太清宫,以及唐朝后期深受道教影响的宰相(萧仿、崔彦昭、李蔚、郑畋、高骈、刘瞻、李福),并讲述了黄巢进逼长安等事件。

(三)流亡(881—885)

该部分讲述了唐僖宗逃往成都之事,介绍了僖宗的流亡政府以及上天神灵的救助,描述了黄巢叛军占领下的长安和唐王朝即将复兴的预兆,以及杜光庭《历代崇道记》所记载的发生在成都青羊肆的奇迹。

(四) 转折 (885—893)

该部分讲述了唐僖宗还都长安以及其第二次流亡;杜光庭远离宫廷,在蜀地抢救和保护因战乱散佚的道教经籍,在青城山丈人观、常道观、上清宫、白云溪等地的道教活动,以及为即将诞生的前蜀赋予宗教层面的合法性等内容,还介绍了杜光庭在蜀地的作品 (《道德经》注疏、《修青城山诸观功德记》《石笋记》《洞天福地岳渎名山记》《道德真经广圣义》《神仙感遇传》《道教灵验记》,编《太上黄箓斋仪》等),讲述了王建夺取蜀地、唐朝灭亡、后梁建立的过程。

(五) 蜀王国 (907—925)

该部分讲述了杜光庭在王建结束战争及称帝后,作为宫廷道士在蜀王室的活动,并介绍了杜光庭《录异记》的内容及该书序言的法文翻译[187];在此,傅飞岚指出:《录异记》是杜光庭的著作中最为著名的文学作品,它力图证明蜀地在历史上独立的政治地位,并从宇宙空间学的角度论述了前蜀代替唐朝的合理性和合法性,并认为该书意欲以唐传奇的形式、通过组合蜀地丰富的地域文化元素而达到增强前蜀文化凝聚力的目的[188];杜光庭这位皇家道士采取这样的形式来进行创作,这不仅是一种巧妙的文学手法,更是以此来延续秦汉以来方士们的宗教和政治传统以及那些作谶纬之人对于宇宙空间的阐释方式[189]。该部分还介绍了被赐号"传真天师"的杜光庭及其宫廷生涯的顶峰（受封为"崇文馆大学士""检校大夫""太子宾客""特进"），他所编撰的其他神仙传记（《仙传拾遗》《墉城集仙录》《王氏神仙传》），以及他的晚年生活，并总结了杜光庭作为灵宝斋戒科仪传统的集大成者和唐末五代道经的保存者所做出的重大贡献。

书末，作者附有一份用法语写成的杜光庭年谱，该年谱以全书五章的标题——"一位宫廷道士的诞生""长安""流亡""转折""蜀王国"为序，记录了杜光庭自公元850年出生至933年逝世期间的主要事件，并列举了同时期的相关历史事件。另外，作者还对杜光庭的作品进行了汇总，将它们按照"传奇（mirabilia）、仙道传记与圣地（hagiographie et lieux saints）、科仪（liturgie）、铭文（inscriptions）、编纂与评注（éditions et exégèse）、回忆录与官方文献（mémoriaux et écrits officiels）、诗歌（poésie）、其他（divers）"进行了分类整理[190]。

傅飞岚采取严谨的历史研究方法，在进行了详尽而透彻的文本细读后，对杜光庭这位著名高道的作品进行了重新评判。施舟人称赞"这是一项具有开拓之功的研究"[191]——因为在此之前，在欧洲的道教研究中，尚无这样一种历史性的研究；施舟人还称赞傅飞岚的研究"使得宗教——尤其是道教在各级层面所扮演的主导角色在各个方面被体现出来"[192]，并称赞他为这个领域的研究做出了前所未有的贡献。

六、穆瑞明:《洞渊神咒经》研究

穆瑞明(Christine Mollier)也是施舟人的学生,法国巴黎大学博士,法国科学研究中心(CNRS)、东亚文明研究中心(CRCAO)、敦煌研究所的研究成员,主要研究敦煌学和中世纪的道教历史,也是施舟人"道藏工程"的主要参与人员之一。曾于1991年和2008年两度获得儒莲奖(Prix Stanislas Julien)。她专门研究中古时期的道教启示文献,尤以研究《洞渊神咒经》而著名,并于1990年以《5世纪的一部道教末世论著作——洞渊神咒经》(*Une Apocalypse taoïste du Ve siècle, le livre des incantations divines des grottes abyssales*, 1990)获得博士学位。

施舟人曾为该书作序,在序言中写道:"《洞渊神咒经》是那些更新了我们西方人对于中国的认识的书籍之一,它比其他任何一种文献更能让人了解中国自中世纪至近现代的弥赛亚运动和末世运动。"[193]然而,国外对于中国弥赛亚主义的研究极少,且主要集中于中国近代前后的一些运动。在穆瑞明之前,仅有少数人探讨《洞渊神咒经》的成书年代,而鲜有对于其内容的研究。穆瑞明认为,《洞渊神咒经》长期以来被宗教史学家和汉学家所忽略,但实际上它却"是中国中世纪时期重要的道教末世论著作"[194]。长期以来,社会学家和宗教史学家均否认中国具有自己的"启示传统",而穆瑞明则明确提出,"中国实际上也具有一种弥赛亚和末世论的传统,尽管这种传统在很多方面均与西方的主要宗教相异"[195]。因此,可以说,穆瑞明该书在研究中国末世论这一领域中，是一项具有试验性和开创性的探索。

该书分析了《洞渊神咒经》版本、撰写过程、成书背景、神学系统、末世论主题以及《洞渊神咒经》所反映的佛道关系等。作者梳理了经书内部交错复杂的逻辑，再现了经书的社会历史背景，以及公元5世纪初期以《洞渊神咒经》为代表的道教宗派的仪式、结构和思想体系，"给予该书在道教和中国文化中应有的位置"。此外，穆瑞明还完整地翻译了《洞渊神咒经》第一品，总结并翻译了第二至十品以及第十九和第二十品的主要内容。

穆瑞明追溯了中国的启示传统，考查了《汉书》中的记载，如黄巾起义、天师道、托名李弘的起义运动等，又介绍了与道教救世运动同时发展的佛教救世运动，并分析了处在这种社会背景中的佛道关系。她认为"佛教启示运动的总体结构和基本主题源自道教"，"正是在与道教的接触中，佛教的弥勒信仰才成为了真正的救世信仰和末世信仰"[196]；"正是在中国，在道教的影响下，佛教的千年末世论方才产生；而从道教的方面来说，它与外来宗教的接触仅是极大地震动了长期以来业已植根于中国的启示观念。"[197] 穆瑞明认为，其时，在与佛教的竞争中，道教意识到自身的不足和劣势，于是在抵制佛教这位"入侵者"时，也借鉴了某些佛教的观念。然而，佛教对道教的影响主要在于形式的层面，它并未在根本上影响中国固有的末世传统。在那样一个动荡的南方社会，长期潜伏的末世论思想已经呼之欲出，佛教只是使其一触即发的催化剂罢了[198]。

穆瑞明还介绍了六朝时期主要的道教启示经书[199]，具体如下：(1) 天师道运动中的启示经书有《女青鬼律》《老君变化无极经》《正一天师告赵升口诀》；(2) 上清派的启示经书有《上清后圣道君列纪》《太上三天正法经》；(3) 来源不明、但编入 5 世纪灵宝经的启示经书有《太上灵宝天地运度自然妙经》《洞玄灵宝自然九天生神章经》；(4) 产生于零星运动的启示经书有《洞真太极北帝紫微神咒妙经》《太上灵宝老子化胡妙经》。

在穆瑞明之前，《洞渊神咒经》几乎完全被学者忽略。施舟人高度评价穆瑞明的《5 世纪的一部道教末世论著作——洞渊神咒经》一书，称她的研究结果是"划时代的"[200]：

> 我们希望这项研究将激发不只是汉学界、也包括宗教史学家、社会学家以及人类学家的极大兴趣。他们中的大部分人至今仍然认为末世论的启示（eschatologie apocalyptique）仅是西方和近东地区的文化和宗教遗产，而实际上，中国在自身的传统内部，亦催生了类似的苦难和希望，也即一种真正的变革因素。这促使我们必须反省我们曾经的先验之见（a priori）。[201]

穆瑞明对《洞渊神咒经》的研究是法国道教研究史上第一次关于道教末世论的研究，也是一种尝试。正如中国学者评价的，穆瑞明的分析方法"对于中国文化研究特别是道教研究，无疑是一种尝试……这种尝试对于中国道教研究的视野开拓，当然是有参考价值的"[202]。

第四节　20 世纪法国汉学道教研究的特色

进入 20 世纪以来，尤其是随着第二次世界大战后法国汉学的复兴，法国的道教研究出现了欣欣向荣的景象。这段时期内，法国汉学对道教的研究呈现出以下特点。

一是法国道教学界继续发扬了由 19 世纪汉学鼻祖雷慕沙建立的重视文献的传统，十分重视翻译在研究中的重要地位，译介了大量道家和道教典籍，并视翻译道教典籍为道教研究不可分割的部分。

二是随着法国获得越来越多的道教文献，因此愈来愈重视对于《道藏》的研究。这促使法国学者将道教视为一个独立的宗教体系，以科学的眼光对待道教，以现代的学术方法研究道教，逐渐摆脱了早前传教士和 19 世纪早期汉学家对于道教的偏见。

三是法国的道教研究结合了多种学科的研究方法，如文献学、碑铭学、历史学、田野调查等。法国汉学历来重视文献学的基础研究，20 世纪法国汉学家继续发扬了这种传统：戴遂良神父研究《道藏》目录，沙畹将碑铭学引入《道藏》研究，康德谟对《列仙传》进行译注，施舟人对《汉武帝内传》加以分析，贺碧来对上清经进行精准解析，劳格文对《无上秘要》条分缕析，穆瑞明对《洞渊神咒经》深入分析。这无一不体现了法国道教研究重视文献基础的严谨作风和优良传统。与此同时，在施舟人的带动和启发下，法国道教学者又采用田野调查的方法，将文献研究和田野调查紧密相合。正如学者所评价的那样:"文献与田野的并举是当代法国道教学的另一个重要特征,将经典文献与田野观察融会贯通的方法不但拓展了道教研究的问题和材料视野,更完整地展现道教历史中沉淀的信仰体系如何在地方社会及民众生活中成为基础性的信仰结构。"[203]

四是法国道教研究的主题和范围进一步扩大,除了继续翻译道家和道教经典之外,还涉及道教仪式、神仙传记、道教类书、上清降经、道教启示经书等。从本章所分析的法国道教学者的代表论著来看,这些学者往往在各自的研究领域均具有开拓之功,在法国道教研究史上均具有重大意义,产生了重大的影响。

五是法国的道教研究吸收了世界各地的优秀人才,"欧洲道藏工程"即是一个例证。这些人才被法国吸引,证明了法国在海外道教研究领域的强大实力和重镇地位,同时,他们的到来也为法国的道教研究队伍注入了新的血液。

注释

1 Léon Wieger S. J., *Préface*, dans *Taoïsme, Tome 1, Bibliographie générale*, Hien-hien: Imprimerie de Ho-kien-fou, 1911, p. 5.

2 Léon Wieger S. J., *Préface*, dans *Taoïsme, Tome 1, Bibliographie générale*, Hien-hien:

Imprimerie de Ho-kien-fou, 1911, p. 23.

3   Léon Wieger S. J., *Taoïsme, Tome 1, Bibliographie générale*, Hien-hien: Imprimerie de Ho-kien-fou, 1911, pp. 29 - 221.

4   Léon Wieger S. J., *Taoïsme, Tome 1, Bibliographie générale*, Hien-hien: Imprimerie de Ho-kien-fou, 1911, pp. 229 - 262.

5   Léon Wieger S. J., *Taoïsme, Tome 1, Bibliographie générale*, Hien-hien: Imprimerie de Ho-kien-fou, 1911, pp. 263 - 315.

6   翁独健：《道藏子目引得》，哈佛燕京学社，1935 年，第 xiii - xx 页。

7   沙畹的说法亦不完全准确，因《武当福地总真集》实际上记录了元代初期武当山的自然风光、道教文物、神话传说以及仙真和有名道士的事迹等。

8   张崇富：《欧洲的〈道藏〉工程》，《中国社会科学报》，2018 年 04 月 03 日。

9   Édouard Chavannes, *Dr. L. Wieger, S. J. Taoïsme, Tome 1, Bibliographie générale*, dans *T'oung Pao*, 1911, pp. 749 - 753.

10   图片来自百度百科。

11   该文中文译文见沙畹著、卢梦雅译《古代中国社神》，《国际汉学》，2015 年第 2 期。

12   索安著，吕鹏志、陈平译：《西方道教研究编年史（1950—1990）》，中华书局，2002 年，第 62 页。

13   译文分别见 Édouard Chavannes, *Le Jet des Dragons*, dans *Mémoire concernant l'Asie orientale*, Tome 3, Paris: Ernest Leroux, p. 130, pp. 172 - 195。

14   易宏：《金龙驿传，上达九天——道教投龙简仪源流略考》，载王卡、汪桂平主编：《中国本土宗教研究》（第一辑），社科文献出版社，2018 年，第 133 页。

15   马伯乐著，伭晓笛、盛丰等译：《马伯乐汉学论著选译》，中华书局，2014 年，序言第 3 页。

16　关于马伯乐的生平,详见戴密微著、许明龙译《马伯乐小传》,载《法国汉学．第七辑,宗教史专号》,中华书局,2002年,第520~533页。

17　马伯乐著,佴晓笛、盛丰等译:《马伯乐汉学论著选译》,中华书局,2014年,序言第3页。

18　图片来自百度百科。

19　转引自许光华《法国汉学史》,学苑出版社,2009年,第185页。

20　转引自许光华《法国汉学史》,学苑出版社,2009年,第185页。

21　此书乃马伯乐病逝后,后人根据其遗稿整理而成。胡锐《20世纪海外道教学术观的演变——以马伯乐道教学术遗稿的版本分析为中心》(载《宗教学研究》2017年第4期)对马伯乐遗稿的版本进行了细致的分析。据该论文可知,马氏遗稿存在两个法文本:一是1950年由马伯乐的学生兼同事——法国汉学家戴密微(Paul Demiéville,1894—1979)整理出版,名为《中国宗教·历史杂考》(Mélanges posthumes sur les religions et l'histoire de la Chine),二是1971年由马伯乐的学生康德谟重新编辑出版,名为《道教与中国宗教》(Le Taoïsme et les religions chinoises),即今天流行最广的版本。本文所介绍的亦为这个版本。

22　转引自陈耀庭《道教在海外》,福建人民出版社,2000年,第169页。

23　程乐松:《借镜与对话——汉语视野中的法国道教研究》,载朱越利主编:《理论·视角·方法:海外道教学研究》,齐鲁书社,2013年,第11页。

24　程乐松:《借镜与对话——汉语视野中的法国道教研究》,载朱越利主编:《理论·视角·方法:海外道教学研究》,齐鲁书社,2013年,第11~12页。

25　马伯乐著,胡锐译:《马伯乐道教学术论著》,宗教文化出版社,2019年。

26　施舟人:《纪念康德谟先生》,载《法国汉学．第7辑,宗教史专号》,中华书局,2002年,第3页。

27　施舟人:《纪念康德谟先生》,载《法国汉学．第7辑,宗教史专号》,中华书局，2002 年，第 4 页。

28　Max Kaltenmark, *Introduction*, dans *Le Lie-sien tchouan : traduit et annoté*, Paris: Collège de France, 1987, p. 5.

29　Max Kaltenmark, *Introduction*, dans *Le Lie-sien tchouan : traduit et annoté*, Paris: Collège de France, 1987, p. 27.

30　Max Kaltenmark, *Introduction*, dans *Le Lie-sien tchouan : traduit et annoté*, Paris: Collège de France, 1987, p. 21.

31　曾建华：《"神仙"研究百年》，《西南民族大学学报》（人文社科版），2016 年第 8 期。

32　陈耀庭：《道教在海外》，福建人民出版社，2000 年，第 174~177 页。

33　陈耀庭：《道教在海外》，福建人民出版社，2000 年，第 175 页。

34　施舟人：《中国文化基因库·自序》，北京大学出版社，2002 年，第 5 页。

35　Kristophe Schipper, *Introduction*, dans *L'Empereur Wou des Han dans la légende taoïste*, Paris: École française d'Extrême-Orient, 1965, p. 1.

36　Kristophe Schipper, *Introduction*, dans *L'Empereur Wou des Han dans la légende taoïste*, Paris: École française d'Extrême-Orient, 1965, p. 3.

37　Kristophe Schipper, *Introduction*, dans *L'Empereur Wou des Han dans la légende taoïste*, Paris: École française d'Extrême-Orient, 1965, p. 3.

38　Kristophe Schipper, *Introduction*, dans *L'Empereur Wou des Han dans la légende taoïste*, Paris: École française d'Extrême-Orient, 1965, p. 4.

39　Kristophe Schipper, *Introduction*, dans *L'Empereur Wou des Han dans la légende taoïste*, Paris: École française d'Extrême-Orient, 1965, p. 5.

40　施舟人作"《四库正伪》"。见 Kristophe Schipper, *Introduction*, dans *L'Empereur Wou des Han dans la légende taoïste*, Paris: École française d'Extrême-Orient, 1965, p. 4.

41 Kristophe Schipper, *Introduction*, dans *L'Empereur Wou des Han dans la légende taoïste*, Paris: École française d'Extrême-Orient, 1965, p. 8.

42 Kristophe Schipper, *Introduction*, dans *L'Empereur Wou des Han dans la légende taoïste*, Paris: École française d'Extrême-Orient, 1965, p. 9.

43 Kristophe Schipper, *Introduction*, dans *L'Empereur Wou des Han dans la légende taoïste*, Paris: École française d'Extrême-Orient, 1965, p. 10.

44 明《道藏》本《无上秘要》卷十二:"西王母为茅盈作乐,命侍女王上华弹八琅之璈,又命侍女董双成吹云和之笙,又命侍女石公子击昆庭之金,又命侍女许飞琼鼓震灵之簧,又命侍女琬绝青拊吾陵之石,又命侍女范成君拍洞阴之磬,又命侍女段安香作缠便之钧。"

45 茅盈(前145—?),施舟人记茅盈(45—70),疑误。见 Kristophe Schipper, *Introduction*, dans *L'Empereur Wou des Han dans la légende taoïste*, Paris: École française d'Extrême-Orient, 1965, p. 11, 注释(2)。

46 译文见 Kristophe Schipper, *Introduction*, dans *L'Empereur Wou des Han dans la légende taoïste*, Paris: École française d'Extrême-Orient, 1965, pp. 16 – 17.

47 Kristophe Schipper, *Introduction*, dans *L'Empereur Wou des Han dans la légende taoïste*, Paris: École française d'Extrême-Orient, 1965, p. 18.

48 Kristophe Schipper, *Introduction*, dans *L'Empereur Wou des Han dans la légende taoïste*, Paris: École française d'Extrême-Orient, 1965, p. 19.

49 译文见 Kristophe Schipper, *Introduction*, dans *L'Empereur Wou des Han dans la légende taoïste*, Paris: École française d'Extrême-Orient, 1965, pp. 43 – 44。

50 译文见 Kristophe Schipper, *Introduction*, dans *L'Empereur Wou des Han dans la légende taoïste*, Paris: École française d'Extrême-Orient, 1965, pp. 44 – 45。

51 Kristophe Schipper, *Introduction*, dans *L'Empereur Wou des Han dans la légende taoïste*, Paris: École française d'Extrême-Orient, 1965, p. 51.

52　译文见 Kristophe Schipper, *Introduction*, dans *L'Empereur Wou des Han dans la légende taoïste*, Paris: École française d'Extrême-Orient, 1965, pp. 55 – 57。

53　Kristophe Schipper, *Introduction*, dans *L'Empereur Wou des Han dans la légende taoïste*, Paris: École française d'Extrême-Orient, 1965, p. 57.

54　Kristophe Schipper, *Introduction*, dans *L'empereur Wou des Han dans la légende taoïste*, Paris: École française d'Extrême-Orient, 1965, p. 57.

55　Kristophe Schipper, *Le Fen-teng, rituel taoïste*, Paris: École française d'Extrême-Orient, 1975.

56　陈耀庭:《道教在海外》,福建人民出版社,2000 年,第 176 页。

57　Kristophe Schipper, *Introduction*, dans *Le Fen-teng, rituel taoïste*, Paris: École française d'Extrême-Orient, 1975, p. 1.

58　Kristophe Schipper, *Introduction*, dans *Le Fen-teng, rituel taoïste*, Paris: École française d'Extrême-Orient, 1975, p. 4.

59　Kristophe Schipper, *Introduction*, dans *Le Fen-teng, rituel taoïste*, Paris: École française d'Extrême-Orient, 1975, p. 5.

60　Kristophe Schipper, *Introduction*, dans *Le Fen-teng, rituel taoïste*, Paris: École française d'Extrême-Orient, 1975, pp. 5 – 6.

61　Kristophe Schipper, *Introduction*, dans *Le Fen-teng, rituel taoïste*, Paris: École française d'Extrême-Orient, 1975, p. 6.

62　Kristophe Schipper, *Introduction*, dans *Le Fen-teng, rituel taoïste*, Paris: École française d'Extrême-Orient, 1975, pp. 6 – 7.

63　Kristophe Schipper, *Introduction*, dans *Le Fen-teng, rituel taoïste*, Paris: École française d'Extrême-Orient, 1975, p. 7.

64　Kristophe Schipper, *Introduction*, dans *Le Fen-teng, rituel taoïste*, Paris: École française d'Extrême-Orient, 1975, p. 8.

65　Kristophe Schipper, *Introduction*, dans *Le Fen-teng, rituel taoïste*, Paris: École française d'Extrême-Orient, 1975, p. 8.

66　Kristophe Schipper, *Introduction*, dans *Le Fen-teng, rituel taoïste*, Paris: École française d'Extrême-Orient, 1975, p. 8.

67　Kristophe Schipper, *Introduction*, dans *Le Fen-teng, rituel taoïste*, Paris: École française d'Extrême-Orient, 1975, pp. 10 - 11.

68　Kristophe Schipper, *Introduction*, dans *Le Fen-teng, rituel taoïste*, Paris: École française d'Extrême-Orient, 1975, p. 12.

69　Kristophe Schipper, *Introduction*, dans *Le Fen-teng, rituel taoïste*, Paris: École française d'Extrême-Orient, 1975, pp. 12 - 13.

70　Kristophe Schipper, *Introduction*, dans *Le Fen-teng, rituel taoïste*, Paris: École française d'Extrême-Orient, 1975, p. 13.

71　Kristophe Schipper, *Le Fen-teng, rituel taoïste*, Paris: École française d'Extrême-Orient, 1975, pp. 33 - 36.

72　施舟人作"卷三十一（k. 31）"，疑误。见 Kristophe Schipper, *Le Fen-teng, rituel taoïste*, Paris: École française d'Extrême-Orient, 1975, p. 33。

73　Kristophe Schipper, *Le Fen-teng, rituel taoïste*, Paris: École française d'Extrême-Orient, 1975, pp. 36 - 37.

74　Kristophe Schipper, *Le Fen-teng, rituel taoïste*, Paris: École française d'Extrême-Orient, 1975, p. 38.

75　陈耀庭：《道教在海外》，福建人民出版社，2000 年，第 176 页。

76　胡锐：《当前法国的道教研究：学者、源流、观点及方法》，《宗教学研究》，2014 年第 2 期。文中将该书名译为《道体论》。

77　Kristophe Schipper, *The Taoist Body*, translated by Karen Duval, Norman Girardot introd, Los Angeles: University of California Press, 1993.

78　陈耀庭:《道教在海外》,福建人民出版社,2000 年,第 179 页。

79　Kristophe Schipper, *Avant-propos*, dans *Le Corps taoïste: corps physique-corps social*, Paris: Fayard, 1997, p. 11.

80　陈耀庭:《道教在海外》,福建人民出版社,2000 年,第 179 页。

81　胡锐:《当前法国的道教研究:学者、源流、观点及方法》,《宗教学研究》,2014 年第 2 期。

82　张崇富:《欧洲的〈道藏〉工程》,《中国社会科学报》,2018 年 04 月 03 日。

83　丸山宏:《欧洲的道教研究成果——〈道藏通考〉的完成及其意义》,《国外社会科学》,2007 年第 6 期。

84　陈耀庭:《国际道教研究概况》,载卿希泰主编:《中国道教》(第四册),知识出版社,1994 年,第 324 页。

85　John Lagerwey, *Introduction*, dans *Wu-shang pi-yao—somme taoïste du VIe siècle*, Paris: École française d'Extrême-Orient, 1981, p. 1.

86　John Lagerwey, *Introduction*, dans *Wu-shang pi-yao—somme taoïste du VIe siècle*, Paris: École française d'Extrême-Orient, 1981, pp. 1-2.

87　John Lagerwey, *Introduction*, dans *Wu-shang pi-yao—somme taoïste du VIe siècle*, Paris: École française d'Extrême-Orient, 1981, p. 2.

88　John Lagerwey, *Introduction*, dans *Wu-shang pi-yao—somme taoïste du VIe siècle*, Paris: École française d'Extrême-Orient, 1981, p. 4.

89　John Lagerwey, *Introduction*, dans *Wu-shang pi-yao—somme taoïste du VIe siècle*, Paris: École française d'Extrême-Orient, 1981, p. 4.

90　John Lagerwey, *Introduction*, dans *Wu-shang pi-yao—somme taoïste du VIe siècle*, Paris: École française d'Extrême-Orient, 1981, p. 18.

91　《广弘明集》卷十。

92　《广弘明集》卷十。

93　John Lagerwey, *Introduction*, dans *Wu-shang pi-yao—somme taoïste du VIe siècle*, Paris: École française d'Extrême-Orient, 1981, p. 21.

94　John Lagerwey, *Introduction*, dans *Wu-shang pi-yao—somme taoïste du VIe siècle*, Paris: École française d'Extrême-Orient, 1981, p. 22.

95　John Lagerwey, *Introduction*, dans *Wu-shang pi-yao—somme taoïste du VIe siècle*, Paris: École française d'Extrême-Orient, 1981, pp. 22 - 23.

96　John Lagerwey, *Introduction*, dans *Wu-shang pi-yao—somme taoïste du VIe siècle*, Paris: École française d'Extrême-Orient, 1981, pp. 23 - 26.

97　John Lagerwey, *Introduction*, dans *Wu-shang pi-yao—somme taoïste du VIe siècle*, Paris: École française d'Extrême-Orient, 1981, p. 29.

98　John Lagerwey, *Introduction*, dans *Wu-shang pi-yao—somme taoïste du VIe siècle*, Paris: École française d'Extrême-Orient, 1981, pp. 29 - 30.

99　John Lagerwey, *Introduction*, dans *Wu-shang pi-yao—somme taoïste du VIe siècle*, Paris: École française d'Extrême-Orient, 1981, p. 33.

100　John Lagerwey, *Introduction*, dans *Wu-shang pi-yao—somme taoïste du VIe siècle*, Paris: École française d'Extrême-Orient, 1981, p. 38.

101　John Lagerwey, *Introduction*, dans *Wu-shang pi-yao—somme taoïste du VIe siècle*, Paris: École française d'Extrême-Orient, 1981, pp. 38 - 48.

102　敦煌目录作"归寂寂品"。

103　John Lagerwey, *Wu-shang pi-yao—somme taoïste du VIe siècle*, Paris: École française d'Extrême-Orient, 1981, pp. 49 - 71.

104　John Lagerwey, *Wu-shang pi-yao—somme taoïste du VIe siècle*, Paris: École française d'Extrême-Orient, 1981, pp. 72 - 221. 以下若无特别需要，笔者将不再单独注明原文页码。

105　John Lagerwey, *Wu-shang pi-yao—somme taoïste du VIe siècle*, Paris: École française d'Extrême-Orient, 1981, pp. 222 – 273.

106　索安著，吕鹏志、陈平等译：《西方道教研究编年史（1950—1990）》，中华书局，2002 年，第 122 页。

107　贺碧来指出，在《老子》和《庄子》的文本中，"一"具有形而上学、本体论和宇宙论的内涵，与宇宙最初的混沌状态相似；而在道教中，"一"很早就被人格化了，对此，公元 3 世纪初的张鲁所作《老子想尔注》便是证明：该书宣称，"一"在某些运动中是"老君"，在其他某些运动中则是肉体身神。Isabelle Robinet, *La Révélation du Shangqing dans l'histoire du Taoïsme*, Tome 1, Paris: École française d'Extrême-Orient, 1984, p. 31.

108　贺碧来指出，"守一"源出《庄子》，与《老子》中的"抱一"相似，它有的时候仅仅指精神或视觉上的集中，如《太平经》；另外，在反映公元 2 世纪末的中国社会的信仰的《老子变化经》中，似乎亦有所体现。Isabelle Robinet, *La Révélation du Shangqing dans l'histoire du Taoïsme*, Tome 1, Paris: École française d'Extrême-Orient, 1984, p. 31.

109　贺碧来指出，"三一"有着十分悠久的历史，早在《史记》中即有记载。约公元前 133 年，有方士上书皇帝，建言祭祀"天一、地一、太一"。（《史记·封禅书》："其后人有上书，言'古者天子三年一用太牢祠神三一：天一、地一、太一'"）；《史记·封禅书》中的"三一"与后来的存思肉身神相结合，即产生了对于上中下三丹田三神的存思，此"三神"即"三一"。Isabelle Robinet, *La Révélation du Shangqing dans l'histoire du Taoïsme*, Tome 1, Paris: École française d'Extrême-Orient, 1984, p. 31.

110　贺碧来分别介绍了与此相关的道经，它们是《五符序》——教人吸取五方气息以及日月星辰的精华，后来的上清经继承并极大地发展和丰富了这种传统；《八帝妙精经》——教人通过观日月而达到"拘魂"的目的，后来，"拘魂"一词在上清经中亦得到保留和使用；《五符经》——极有可能是道教"服食五牙法"的最早起源,因为上清派一代宗师司马承祯在其《服气精义论》中曾明言"此是《灵宝五符经》中法",在上清经"五牙"的名称中,东方"朝华"、南方"朱丹"、西方"明石"、北方"玄滋"与《五符序》相同,这明显地证明了上清经借鉴了《五符序》的思想内容。Isabelle Robinet, *La Révélation du Shangqing dans l'histoire du Taoïsme*, Tome 1, Paris: École française d'Extrême-Orient, 1984, p. 33.

111 明《道藏》本《真诰》卷五:"食草木之药,不知房中之法及行炁、导引,服药无益也,终不得道。若至志感灵,所存必至者,亦不须草药之益也。若但知行房中、导引、行炁,不知神丹之法,亦不得仙也。若得金汋神丹,不须其他术也,立便仙矣。若得《大洞真经》者,复不须金丹之道也,读之万过毕,便仙也。"

112 贺碧来指出,虽然草药本身无多大价值,但《真诰》中有文曰紫微夫人曾深赞"服术"的效果,且道教医学家陶弘景在《登真隐诀》中专辟大量篇幅说明草药的价值。Isabelle Robinet, *La Révélation du Shangqing dans l'histoire du Taoïsme*, Tome 1, Paris: École française d'Extrême-Orient, 1984, p. 37.

113 贺碧来认为,《真诰》对于房中术的态度略显模棱两可。它一方面强调上清经在修仙过程中优于其他修习方法的特性,一方面也不否定其他方法的效果。从中亦可见上清派对于房中术的态度是:一方面抱有一定程度的怀疑,但也并不全盘否定或全部排斥。Isabelle Robinet, *La Révélation du Shangqing dans l'histoire du Taoïsme*, Tome 1, Paris: École française d'Extrême-Orient, 1984, p. 38.

114 贺碧来指出,虽然《真诰》宣称金丹对于那些拥有《大洞真经》的人而言是无用的,但是《真诰》依然凸显了它在修习过程中的重要地位。原因是,如果说那些低层次的修习方法不能绝对保证人能够成仙,金丹则有此效用。金丹同其他修习方法一道被上清派纳入一个等级体系,但在这个体系中,它并不占据最高位置。Isabelle Robinet, La Révélation du Shangqing dans l'histoire du Taoïsme, Tome 1, Paris: École française d'Extrême-Orient, 1984, pp. 38 – 39.

115 贺碧来认为，虽然上清经中没有明确谈论那些古老的修习方法，但是《真诰》中的降诰说明，这些古老的修习方法在《真诰》中得以保存，并构成了上清经中所有修习方法的基础。Isabelle Robinet, La Révélation du Shangqing dans l'histoire du Taoïsme, Tome 1, Paris: École française d'Extrême-Orient, 1984, p. 39.

116 介琰向他的弟子杜契（杜广平）传授"守玄白"法。这种修习方法源出《老子》第二十八章"知其白，守其黑，为天下式"，后由下降的女仙们传于杨羲，并保存在《真诰》之中。这种方法"存泥丸中有黑炁，心中有白炁，脐中有黄炁如丝，渐渐如云，以覆身，因变成大火烧身，通洞内外"，使人可以隐身长生，但这不是一种"仙道"，陶弘景谓之"太清家旧法"。该方法与葛洪《抱朴子内篇·地真卷十八》中的"守一"并无太大区别，但葛洪未详细论述；又与《五符序》和《八帝妙精经》中的方法接近，虽然三者的"炁"之颜色不同。公元3世纪盛行于东吴的"玄白术"，可被视作上清派许多修习方法的原型和标准，后来的很多方法均是它的发展和演绎而已。Isabelle Robinet, La Révélation du Shangqing dans l'histoire du Taoïsme, Tome 1, Paris: École française d'Extrême-Orient, 1984, pp. 40 – 41.

117 贺碧来指出，《真诰》虽然没有详述"守一"的修炼方法，但人们通过葛洪得知，"守一"有多种方式。《真诰》教人一种叫做"五斗内一"的方法，它是上清经中最重要的修习方法，是苏林由《列仙传》中的仙人涓子处所得。"五斗内一法"后收入《素灵经》，而后者又被纳入上清系的教义，因此《素灵经》从很多方面都显示，它是杨羲所受降经的一个外部来源。Isabelle Robinet, La Révélation du Shangqing dans l'histoire du Taoïsme, Tome 1, Paris: École française d'Extrême-Orient, 1984, pp. 41 – 43. 需说明的是，贺碧来在指称某部道经时或有拼音，或有汉字，或仅用哈佛燕京学社翁独健所编的《道藏子目引得》中的道经编号。对于这种情况，本文做如下处理：若原文附有拼音或汉字，本文即照原文列出道经名称以求忠实、简洁行文；若既无拼音也无汉字，本文则按照《道藏子目引得》将道经全名列出。例如，对于《素灵经》，若贺碧来未标明拼音或汉字，本文则按照《引得》"HY1303"作《洞真太上素灵洞元大有妙经》。全文同此。

118　贺碧来指出，《真诰》介绍了服食日月精华的古老方法，如《真诰》卷十载张微子行"服雾之法"，陶弘景《登真隐诀》曾解释五藏之炁合于山川河流之炁，要将外界自然之炁与藏内之炁相统一；葛洪《抱朴子》曾记载一种相似方法，即使五藏之炁"如云雾"罩身；《真诰》卷十三载汉桓帝时的傅礼和，"其家奉佛精进，女常旦夕洒扫佛前"，"常服五星气，以得道"；《真诰》卷十二载东郭幼平教桃俊"服九精炼气辅星在心之术"；《真诰》卷十载左慈之师封君达"存日在额上，月在脐上"；等等。这些修炼活动与"隐身变形"术有关，这就涉及一部用于"隐遁日月、游行星辰"的《九化十变经》。上清系的《神虎上符消魔智慧经》记载了这些变形术，并将之与"隐地八术"相关联。此外，上清系的另一重要经典《太上玉佩金珰太极金书上经》也论述了服食日月精华之术。该经由一位名叫裴君的上清仙真授于戴孟。据《神仙传》和《真诰》记载，戴孟得《太微黄书》，该书与上清派之间存在着一种混乱不清但却确凿可信的联系。虽然《太微黄书》并不在上清降经之列，但许谧曾得到该书，人们可以发现该书与上清派某些经书之间的相互影响。Isabelle Robinet, *La Révélation du Shangqing dans l'histoire du Taoïsme*, Tome 1, Paris: École française d'Extrême-Orient, 1984, pp. 43 – 44.

119　贺碧来列举了《真诰》中的某些丹方，它们也是自古以来的修仙者所孜孜以求的，如岷山丹、九华丹、九鼎丹、四蕊丹、虹景丹等。她认为，《真诰》赋予了不少丹方以较为重要和崇高的地位，并吸纳了一些可以上溯至汉代的丹方。然而，总体而言，金丹之法仍被《真诰》视为较低层次的修习方法；并且，它们往往被辅以存想和存思之法，有些丹方甚至具有两种形式：一是金丹之方，一是存思之方。Isabelle Robinet, *La Révélation du Shangqing dans l'histoire du Taoïsme*, Tome 1, Paris: École française d'Extrême-Orient, 1984, pp. 45 – 48.

120　贺碧来介绍，"王君传"与"青精方"有关。据《神仙传》记载，大宛"青精先生"已用此方，或曰此方由王远之师西梁真人传于王褒，最终传至魏夫人和杨羲；"魏夫人传"则与她所得的甘草仙方有关，该方因由仙人郭少金所作，故又称"少金丸"，并传于介象、刘根、张道陵。又如：紫阳真人和苏林二人均曾得到去除三尸的"初神丸"（又名"太上八琼飞精之丹"），此药方由苏林之师涓子传于苏林。再如：高丘子以"四扇神仙散"传于茅盈，茅盈传于茅固；另外，茅盈又传"九转丹"，该丹方的历史十分久远且久负盛名，因为汉代的司马季主、宁仲君（或即《列仙传》中的宁封子）、燕昭王、王子晋（即《列仙传》中的王子乔）均曾为了实现"尸解"而使用之。茅盈后将此方传魏夫人，魏夫人又传杨羲。Isabelle Robinet, *La Révélation du Shangqing dans l'histoire du Taoïsme*, Tome 1, Paris: École française d'Extrême-Orient, 1984, pp. 52 – 53.

121　贺碧来介绍，"王褒传"与"服云牙法"相关联，施行该法则能辟谷，后方能吟诵《大洞真经》。虽然这是一种存思术，但是它和药方一样，亦是为后期修炼做准备，但是它却比普通的修炼方法更为精妙，原因是它不以服药，而是以吞服宇宙的"炁"为基础。"服云牙法"明显受到《灵宝五符序》的启发，后者不是由仙真降授于杨羲，而是由魏夫人之子转于杨羲。又如：《灵宝五符序》记载了夏禹于钟山得钟山真人所授"食日月星之法"，而与"茅君传"相关联的"明堂玄真"法则以夏禹所授之法为依据，同时谓之不完整，因此在该法的基础上有所增补。这表明上清降经没有废除早期的传

统，而是对其进行了补充，使之更加完备。此外，这些增补的部分亦具有重
要意义：因为学道者在练习"玄真"法时，当召玉女前来，并服此玉女的
津液；《灵宝五符序》中虽描述了相同的场景，但却是道母在修习之人的体
内"养赤子"。由此可见，在修行之人与神仙之间的关系上，上清派趋向于
在两者之间建立一种更加私密、更加直接的关系。再如："三一""五斗内
一"等存想之法则与"苏林传"有关。Isabelle Robinet, *La Révélation du
Shangqing dans l'histoire du Taoïsme*, Tome 1, Paris: École française d'Extrême-
Orient, 1984, pp. 53 - 54.

122　明《道藏》本《紫阳真人内传》"周裴二真叙"："江乘令晋陵华侨，世奉
俗神，忽梦见群鬼神与之游行饮食。群鬼所与侨共饮酒，侨亦至醉，还家辄
吐所饮啖之物。数年诸鬼遂课限侨举才，侨不得已，先后所举十余人，皆至
死亡。鬼以侨所举得才，有知人之识，限课转多。若小稽违，便弹治之。侨
自俱必为诸鬼所困，于是背俗入道，诣祭酒丹阳许治，受奉道之法。群鬼各
便消散，不复来往。"

123　Isabelle Robinet, *La Révélation du Shangqing dans l'histoire du Taoïsme*, Tome 1,
　　　Paris: École française d'Extrême-Orient, 1984, p. 59.

124　Isabelle Robinet, *La Révélation du Shangqing dans l'histoire du Taoïsme*, Tome 1,
　　　Paris: École française d'Extrême-Orient, 1984, p. 62.

125　Isabelle Robinet, *La Révélation du Shangqing dans l'histoire du Taoïsme*, Tome 1,
　　　Paris: École française d'Extrême-Orient, 1984, p. 64.

126　Isabelle Robinet, *La Révélation du Shangqing dans l'histoire du Taoïsme*, Tome 1,
　　　Paris: École française d'Extrême-Orient, 1984, p. 65.

127　Isabelle Robinet, *La Révélation du Shangqing dans l'histoire du Taoïsme*, Tome 1,
　　　Paris: École française d'Extrême-Orient, 1984, p. 67.

128　Isabelle Robinet, *La Révélation du Shangqing dans l'histoire du Taoïsme*, Tome 1,

Paris: École française d'Extrême-Orient, 1984, p. 68.

129 Isabelle Robinet, *La Révélation du Shangqing dans l'histoire du Taoïsme*, Tome 1, Paris: École française d'Extrême-Orient, 1984, p. 82.

130 Isabelle Robinet, *La Révélation du Shangqing dans l'histoire du Taoïsme*, Tome 1, Paris: École française d'Extrême-Orient, 1984, pp. 91－95.

131 Isabelle Robinet, *La Révélation du Shangqing dans l'histoire du Taoïsme*, Tome 1, Paris: École française d'Extrême-Orient, 1984, p. 97.

132 Isabelle Robinet, *La Révélation du Shangqing dans l'histoire du Taoïsme*, Tome 1, Paris: École française d'Extrême-Orient, 1984, p. 104.

133 Isabelle Robinet, *La Révélation du Shangqing dans l'histoire du Taoïsme*, Tome 1, Paris: École française d'Extrême-Orient, 1984, p. 108.

134 Isabelle Robinet, *La Révélation du Shangqing dans l'histoire du Taoïsme*, Tome 1, Paris: École française d'Extrême-Orient, 1984, p. 109.

135 Isabelle Robinet, *La Révélation du Shangqing dans l'histoire du Taoïsme*, Tome 1, Paris: École française d'Extrême-Orient, 1984, p. 109.

136 Isabelle Robinet, *La Révélation du Shangqing dans l'histoire du Taoïsme*, Tome 1, Paris: École française d'Extrême-Orient, 1984, p. 112.

137 Isabelle Robinet, *La Révélation du Shangqing dans l'histoire du Taoïsme*, Tome 1, Paris: École française d'Extrême-Orient, 1984, p. 118.

138 Isabelle Robinet, *La Révélation du Shangqing dans l'histoire du Taoïsme*, Tome 1, Paris: École française d'Extrême-Orient, 1984, p. 119.

139 Isabelle Robinet, *La Révélation du Shangqing dans l'histoire du Taoïsme*, Tome 1, Paris: École française d'Extrême-Orient, 1984, p. 123.

140 Isabelle Robinet, *La Révélation du Shangqing dans l'histoire du Taoïsme*, Tome 1, Paris: École française d'Extrême-Orient, 1984, p. 148.

141 Isabelle Robinet, *La Révélation du Shangqing dans l'histoire du Taoïsme*, Tome 1, Paris: École française d'Extrême-Orient, 1984, p. 148.

142 Isabelle Robinet, *La Révélation du Shangqing dans l'histoire du Taoïsme*, Tome 1, Paris: École française d'Extrême-Orient, 1984, pp. 164 – 165.

143 Isabelle Robinet, *La Révélation du Shangqing dans l'histoire du Taoïsme*, Tome 1, Paris: École française d'Extrême-Orient, 1984, p. 174.

144 Isabelle Robinet, *La Révélation du Shangqing dans l'histoire du Taoïsme*, Tome 1, Paris: École française d'Extrême-Orient, 1984, p. 174.

145 Isabelle Robinet, *La Révélation du Shangqing dans l'histoire du Taoïsme*, Tome 1, Paris: École française d'Extrême-Orient, 1984, p. 174.

146 Isabelle Robinet, *La Révélation du Shangqing dans l'histoire du Taoïsme*, Tome 1, Paris: École française d'Extrême-Orient, 1984, p. 175.

147 Isabelle Robinet, *La Révélation du Shangqing dans l'histoire du Taoïsme*, Tome 1, Paris: École française d'Extrême-Orient, 1984, p. 184.

148 贺碧来还列出四部集中体现上清经影响的灵宝经：一是《灵宝度命妙经》，该经依照《外国方品经》的方式对于神秘地区进行了描写；二是《二十四生图经》，该经采用了上清经的术语指称人身中二十四个神真；三是《九天生神章经》和《空洞灵章》，两者采用了上清经的赞颂形式。Isabelle Robinet, *La Révélation du Shangqing dans l'histoire du Taoïsme*, Tome 1, Paris: École française d'Extrême-Orient, 1984, pp. 190 – 191.

149 Isabelle Robinet, *La Révélation du Shangqing dans l'histoire du Taoïsme*, Tome 1, Paris: École française d'Extrême-Orient, 1984, p. 191.

150 Isabelle Robinet, *La Révélation du Shangqing dans l'histoire du Taoïsme*, Tome 1, Paris: École française d'Extrême-Orient, 1984, p. 191.

151 Isabelle Robinet, *La Révélation du Shangqing dans l'histoire du Taoïsme*, Tome 1,

Paris: École française d'Extrême-Orient, 1984, pp. 190 – 195.

152 Isabelle Robinet, *La Révélation du Shangqing dans l'histoire du Taoïsme*, Tome 1, Paris: École française d'Extrême-Orient, 1984, p. 195.

153 Isabelle Robinet, *La Révélation du Shangqing dans l'histoire du Taoïsme*, Tome 1, Paris: École française d'Extrême-Orient, 1984, p. 195.

154 Isabelle Robinet, *La Révélation du Shangqing dans l'histoire du Taoïsme*, Tome 1, Paris: École française d'Extrême-Orient, 1984, pp. 200 – 201.

155 Isabelle Robinet, *La Révélation du Shangqing dans l'histoire du Taoïsme*, Tome 1, Paris: École française d'Extrême-Orient, 1984, pp. 201 – 203.

156 Isabelle Robinet, *La Révélation du Shangqing dans l'histoire du Taoïsme*, Tome 1, Paris: École française d'Extrême-Orient, 1984, pp. 204 – 207.

157 Isabelle Robinet, *La Révélation du Shangqing dans l'histoire du Taoïsme*, Tome 1, Paris: École française d'Extrême-Orient, 1984, p. 208.

158 Isabelle Robinet, *La Révélation du Shangqing dans l'histoire du Taoïsme*, Tome 1, Paris: École française d'Extrême-Orient, 1984, p. 213.

159 Isabelle Robinet, *La Révélation du Shangqing dans l'histoire du Taoïsme*, Tome 1, Paris: École française d'Extrême-Orient, 1984, p. 214.

160 Isabelle Robinet, *La Révélation du Shangqing dans l'histoire du Taoïsme*, Tome 1, Paris: École française d'Extrême-Orient, 1984, p. 223.

161 《无上秘要》卷三"日品""月品""星品";卷四"三界品""九地品""灵山品""林树品""山洞品""洞天品""神水品";卷六"劫运品""帝王品""洲国品""论意""王政品"。贺碧来原书仅列出《无上秘要》相关卷目的起止范围,未列出"品"的名称,为便于读者对照,笔者据明《道藏》本注出各品名称,下同。

162 《无上秘要》卷五"人品""身神品""人寿品"。

163 《无上秘要》卷八"尸解药石品"。

164 《无上秘要》卷十六"众圣本迹品下";卷二十二"三界宫府品"。

165 《无上秘要》卷十八"众圣冠服品下";卷十九"天帝众真仪驾品"。

166 《无上秘要》卷二十"仙歌品"。

167 《无上秘要》卷七十八"地仙药品""天仙药品""太清药品""太极药品""上清药品""玉清药品"。

168 《无上秘要》卷三十二"众圣传经品""传经年限品";卷三十三"轻传受罚品";卷三十四"师资品""法信品""授度品";卷四十七"斋戒品""受法持斋品"。

169 《无上秘要》卷八十四"得太清道人名品""得太极道人名品"。

170 《无上秘要》卷八十八"易形品""长生品""地仙品""天仙品""升月庭品""升日门品";卷九十一"升太极宫品""升太微宫品";卷九十二"升上清品上";卷九十三"升上清品下";卷九十四"升太空品""升紫微宫品""升紫庭品""升紫虚品";卷九十五"升紫晨品""升玉宫品";卷九十六"玉清品上";卷九十七"玉清品下";卷九十八"升九天品";卷九十九"升太清品";卷一百"升无形品""应变化品""会兼忘品""入自然品""洞冥寂品"。

171 Isabelle Robinet, *La Révélation du Shangqing dans l'histoire du Taoïsme*, Tome 1, Paris: École française d'Extrême-Orient, 1984, p. 225.

172 《云笈七签》卷二十二"天地部"之"总说天地五方""九地三十六音""朝礼诀法""高上九玄三十六天内音""洞渊九地三十六音内铭""登山住止安居审地吉凶法""东方呵罗提国""南方依沙陁国""西方尼维罗绿那国""北方旬他罗国""上方元精青浊自然国""中央太和宝真无量国";卷二十三"日月星辰部"之"总叙日月""三奔录""太上玉晨郁仪结璘奔日月图""太上玉晨郁仪奔日赤景玉文结璘奔月黄景玉章""峨眉山北洞中石

室户枢刻石书字""太上郁仪日中五帝讳字服色""太上结璘月中五帝夫人讳字服色""太素真人受太帝君日月诀法""大方诸宫服日月芒法""太上玄真诀服日法""服日子三五七九玄根气法""服日月气法""太一游日服日月法""求月中丹光夫人法""服日月六气法""金仙内法""存思日月法""向日取嚱法""双景翼形隐道""食竹笋";卷二十四"日月星辰部"之"总说星""二十八宿""北斗九星职位总主""太上空常飞步录";卷二十五"日月星辰部""北极七元紫庭秘诀""七童卧斗法""太上招五辰于洞房飞仙秘道""升斗法""卧斗""奔辰飞登五星法""存二十四星法"。

173 《云笈七签》卷二十九"禀生受命"之"禀受章""太上九丹上化胎精中记""解胎十二结法";卷三十"禀生受命"之"帝一混合三五立成法""九真中经天上飞文""大洞回风混合帝一之法";卷三十一"禀生受命"之"太微帝君太一造形紫元内二十四神回元经""济众经""说真父母""九真帝君九阴混合纵景万化隐天诀"。

174 《云笈七签》卷四十一"七签杂法"之"沐浴""沐浴七事获七福""沐浴吉日""栉沐浴""解秽""朝礼""太素真人隐朝礼愿上仙法""朝极""朝玉晨君""朝青童君""隐朝胎元法""朝礼九天魂魄帝君求仙上法""朝太素三元君";卷四十二"存思"之"存大洞真经三十九真法""太微小童""太一尊神""帝君""无英公子""白元洞阳君""司命丈人""桃孩君""上一赤子""中一丹皇君""黄庭元王""九真帝昌君""八真含景君""七真玄阳君""六真元素君""五真养光军""四真清明君""三真元生君""二真坚玉君""一真天精君""九元之真""皇一之魂""紫素左元君""黄素中元君""白素右元君""日中司命""月中桃君""左目童子""右目童子""肺部童子""胎中白气君""结中青气君""节中黑气君""胎胞中黄气君""血中赤气君""上玄元父玄母""三素老君""中央玄一老子""帝卿""帝一真君"以及"大洞消魔神慧内祝隐文存诸真法";卷四

十三"存思"之"存思三洞法""老君存思图十八篇""思修九宫法""思九宫五神法""存元成皇老法""存帝君法""存玄一老子法""存司命法";卷四十四"存思"之"太一帝君太丹隐书""镇神养生内思飞仙上法""三九素语玉精真诀存思法""紫书存思元父玄母诀""紫书存思九天真女法";卷四十五"秘要诀法"之"序事第一""性情第二""明正一箓第三""避忌第四""殗秽忌第五""解秽汤方第六""旦夕烧香第七""旦夕卫灵神咒第八""朝真仪第九""入靖法第十""烧香法第十一""存思诀第十二""叩齿诀第十三""临目诀第十四""稽首诀第十五""再拜诀第十六""诚惶诚恐诀第十七""明二人同奉第十八""本命日第十九""入室对席第二十""制三尸日第二十一""常存识己形第二十二""寝卧时祝第二十三""服日月光芒第二十四""孟先生诀第二十五""恶梦吉梦祝第二十六""明耳目诀第二十七""青牛道士存日月诀第二十八""栾巴口诀第二十九""服食忌第三十";卷四十六"秘要诀法"之"黄素内法第一""八朝三元内礼隐法第二""内除罪籍第三""三元隐谢解秽内法第四""大帝开结经法第五""祝太一帝君法第六""慎忌法第七""帝君捕神祝第八""遏邪大祝第九""三天正法祝魔神第十""思三台厌恶法第十一""帝一烧香祝第十二""魂胎受馨祝第十三""理发祝第十四""大帝隐祝第十五""厌恶梦咒第十六""挥神内咒第十七""太帝寝神灭鬼除凶咒第十八""又灭鬼除恶咒第十九""澡秽除凶七房祝法第二十""除六天隐咒第二十一""太帝制魂伐尸神咒第二十二""太帝辟梦神咒第二十三""三元八节朝隐祝第二十四""杂法第二十五";卷四十七"秘要诀法"之"安魂魄咒""着衣咒""栉发咒""洗手面神咒""耳鸣祝""审耳鸣吉凶法""未食咒""道士三时食饭咒""斋见不祥之物解法""行道见死尸法""道士既见死尸上经解殗法""练祝死尸法""修行咒诅诀""道士被天魔所试即诵拂魔咒""玉帝卫灵咒鬼上法""治急病法""反舌塞喉法""金仙内法";卷四十八"秘要诀法"之

"老君明照法叙事""明照法""宝照法""摩照法""拂童法""神枕法""神杖法""帝君明灯内观求仙上法""按天庭法""服雾法";卷四十九"秘要法诀"之"守一""三一诀""玄门大论三一诀""金阙帝君五斗三元真一经口诀""守五斗真一经口诀";卷五十"秘要法诀"之"三一九宫法""四宫雌一内神宝名玉诀""金阙帝君三元真一经诀";卷五十一"秘要诀法"之"八道命籍""八道秘言""太上曲素五行秘符""玉佩金珰""黄衣童""流金火铃";卷五十二"杂要图诀法"之"九真行事诀""升玄行事诀""方诸洞房行事法""五神行事诀""二十四神行事诀""五辰行事诀""回元行事诀""五帝杂修行乘龙图";卷五十三"杂秘要诀"之"太上隐书八景飞经八法""太上丹景道精隐地八术""太清玉霞紫映观上法""存玄白法""三素云法";卷五十四"魂神"之"说魂魄""拘三魂法""制七魄法""对日存三魂法""朝礼九天魂魄求仙上法""魂精法""上清飞步七星魂魄法";卷五十五"魂神"之"思神诀""存身神法""受生天魂法""精神""入室思赤子法"。

175 《云笈七签》卷八十四"尸解"之"太极真人石精金光藏景录形经说""释石精金光藏景录形法""尸解叙""又叙""造剑尸解法""尸解次第事迹法度""太极真人诫""尸解神杖法""水解";卷八十五"尸解"之"太极真人飞仙宝剑上经叙""戎胡授舜十转紫金丹叙""太一守尸""景霄真人""太玄阴生符""太极真人遗带散""轩辕黄帝""宁封""玉子""王子乔""清平吉""司马季主""鲍叔阳""徐弯""董仲君""龙述""王方平""栾巴""女真赵素台""女真程伟妻""刘慆""张玄宾""王嘉""阴君传鲍靓尸解法""折象""吴猛""左慈""王延""王叟";卷八十六"尸解"之"洞生太帝君镇生五藏诀""太阴炼形""水火荡炼尸形""阴阳六甲炼形质法""修九真中道""化形濯景""地下主者""宁先生""灵寿光""赵成子""许玉斧""张鲁""许道育""范豺""乔顺"。

176 《云笈七签》卷九十六"赞颂歌"之"太微天帝君赞大有妙经颂一章""天帝君赞大有妙经颂一章""太帝君赞大有妙经颂一章""老君本生经颂一章""太上智慧回玄经颂一章""太上智慧经赞一章""本愿大戒经颂一章""玉皇授欻生大洞三十九章与登龙台歌二章""西王母授紫度炎光神变经颂三篇""灵宝真一自然太上玄一真人颂一章""太上弘道颂一章""方诸宫东华上房灵妃歌曲一章""青童大君常吟咏一章""太虚真人常吟咏一章""西城真人王君常吟咏一章""小有真人王君常吟咏一章""郭四朝常乘小船游戏塘中叩船而歌四首""保命仙君告许虎牙杜广平常喜歌一章""西王母宴汉武帝上元夫人弹云林之璈歌步虚之曲一章""西王母又命侍女田四妃答歌一章""王母赠魏夫人歌一章""双礼珠弹云璈而答歌一章""高仙盼游洞灵之曲一章""四真人降魏夫人歌共五章""方诸青童歌一章""次扶桑神王歌一章""次清虚真人歌二章""人间可哀之曲一章""巴谣一章""杨羲真人梦蓬莱仙公洛广休召四人各赋诗一章""吴王夫差书一章""辛玄子诗三首";卷九十七"歌诗"之"太微玄清左夫人歌一首""灵凤歌一首""女仙张丽英石鼓歌一首""汉初童谣歌一首""萼绿华赠羊权诗三首""九华安妃赠杨司命诗二首""中候王夫人诗四首""方丈台昭灵李夫人诗三首""南极王夫人授杨羲诗三首""紫微王夫人诗一十七首";卷九十八"诗赞辞"之"太真夫人赠马明生诗二首""云林右英夫人疏杨真人许长史诗二十六首""太极真人智慧经赞六首";卷九十九"赞诗词"之"吴子来写真赞一首诗二首""仙人贻白永年诗一首""李公佐仙仆诗一首""摅浩然泛虚舟辞遗栾浑之诗二首""灵乡词五首""众仙步虚词五首""青童天君常吟一首""南岳夫人作与许长史一首""南岳夫人作一首"。

177 Isabelle Robinet, *La Révélation du Shangqing dans l'histoire du Taoïsme*, Tome 1, Paris: École française d'Extrême-Orient, 1984, pp. 226–227。

178 如《道枢》的"真诰篇"则专门论述了《真诰》并随意征引了《真诰》的

内容，"黄庭篇"则是《黄庭经》的评注；《道枢》卷八和卷九中的"存思身中之神"以及"服食宇宙精华"等修炼方法均来自上清经（如《真诰》《素灵经》《明堂玄真经》《黄气阳精经》）。见 Isabelle Robinet, *La Révélation du Shangqing dans l'histoire du Taoïsme*, Tome 1, Paris: École française d'Extrême-Orient, 1984, p. 227。

179 如《三洞枢机杂说》收录了《黄素四十四方经》中的药方；《太上除三尸九虫保生经》收录了裴君和紫阳真人传记以及《宝神经》中的药方；《黄庭遁甲缘身经》收录了上清派的"服食四极云牙"之法；《长生胎元神用经》收录了《真诰》节选和回风修炼方法。见 Isabelle Robinet, *La Révélation du Shangqing dans l'histoire du Taoïsme*, Tome 1, Paris: École française d'Extrême-Orient, 1984, p. 227。

180 Isabelle Robinet, *La Révélation du Shangqing dans l'histoire du Taoïsme*, Tome 1, Paris: École française d'Extrême-Orient, 1984, p. 230.

181 Isabelle Robinet, *La Révélation du Shangqing dans l'histoire du Taoïsme*, Tome 1, Paris: École française d'Extrême-Orient, 1984, pp. 232 – 241.

182 Isabelle Robinet, *La Révélation du Shangqing dans l'histoire du Taoïsme*, Tome 1, Paris: École française d'Extrême-Orient, 1984, p. 241.

183 索安著，吕鹏志、陈平等译：《西方道教研究编年史（1950—1990）》，中华书局，2002年，第12页。

184 吕鹏志：《"中国宗教文献"课程导言——兼以〈灵宝真一五称经〉为例谈道教经典研究方法》，载西南交通大学中国宗教研究中心"早期道教经典研究"工作坊交流参考文集，第182页。该文集尚未正式出版，本引文获得了吕鹏志教授的许可，特此感谢。

185 Franciscus Verellen, *Du Guangting (850 – 933): taoïste de cour à la fin de la Chine médiévale*, Paris: Collège de France, Institut des hautes études chinoises, 1989.

186 Kristofer Schipper, *Préface*, dans *Du Guangting (850 – 933): taoïste de cour à la fin de la Chine médiévale*, Paris: Collège de France, Institut des hautes études chinoises, 1989, p. vii.

187 Franciscus Verellen, *Du Guangting (850 – 933): taoïste de cour à la fin de la Chine médiévale*, Paris: Collège de France, Institut des hautes études chinoises, 1989, pp. 174 – 176. 明《道藏》本《录异记》序言如下："怪力乱神，虽圣人不语，经诰史册，往往有之。前达作者《述异记》《博物志》《异闻集》，皆其流也。至于六经图纬河洛之书，别著阴阳神变之事，吉凶兆朕之符，随二气而生，应五行而出。虽景星甘露，合璧连珠，嘉麦嘉禾，珍禽珍兽，神芝灵液，卿云醴泉，异类为人，人为异类，皆数至而出，不得不生，数讫而化，不得不没。亦由田鼠为駕，野鸡为蜃，雀化为蛤，鹰化为鸠，星精降而为贤臣，岳灵升而为良辅。今古所载，其徒实繁。又若晋石莘神，凭人约物，鸟血鱼火，为灾为异。有之乍惊于闻听，验之乃关于数历。大区之内，无日无之。聊因暇辰，偶为集录。或征于闻见，或采诸方册，庶好事者无志于披绎焉。命曰《录异记》。臣光庭谨叙。"

188 Franciscus Verellen, *Du Guangting (850 – 933): taoïste de cour à la fin de la Chine médiévale*, Paris: Collège de France, Institut des hautes études chinoises, 1989, p. 171.

189 Franciscus Verellen, *Du Guangting (850 – 933): taoïste de cour à la fin de la Chine médiévale*, Paris: Collège de France, Institut des hautes études chinoises, 1989, pp. 176 – 177.

190 Franciscus Verellen, *Du Guangting (850 – 933): taoïste de cour à la fin de la Chine médiévale*, Paris: Collège de France, Institut des hautes études chinoises, 1989, pp. 205 – 225.

191 Kristofer Schipper, *Préface*, dans *Du Guangting (850 – 933): taoïste de cour à la fin*

de la Chine médiévale, Paris: Collège de France, Institut des hautes études chinoises, 1989, p. Ⅶ.

192 Kristofer Schipper, Préface, dans Du Guangting (850 – 933): taoïste de cour à la fin de la Chine médiévale, Paris: Collège de France, Institut des hautes études chinoises, 1989, p. Ⅷ.

193 Kristophe Schipper, Préface, dans Christine Mollier, Une Apocalypse taoïste du Ve siècle, le Livre des incantations divines des grottes abyssales, Paris: Institut des hautes études chinoises, 1990, p. 2.

194 Christine Mollier, Avant-Propos, dans Une Apocalypse taoïste du Ve siècle, le livre des incantations divines des grottes abyssales, Paris: Institut des hautes études chinoises, 1990, p. 5.

195 Christine Mollier, Avant-Propos, dans Une Apocalypse taoïste du Ve siècle, le livre des incantations divines des grottes abyssales, Paris: Institut des hautes études chinoises, 1990, p. 5.

196 Christine Mollier, Introduction, dans Une Apocalypse taoïste du Ve siècle, le livre des incantations divines des grottes abyssales, Paris: Institut des hautes études chinoises, 1990, p. 15.

197 Christine Mollier, Introduction, dans Une Apocalypse taoïste du Ve siècle, le livre des incantations divines des grottes abyssales, Paris: Institut des hautes études chinoises, 1990, pp. 15 – 16.

198 Christine Mollier, Introduction, dans Une Apocalypse taoïste du Ve siècle, le livre des incantations divines des grottes abyssales, Paris: Institut des hautes études chinoises, 1990, p. 16.

199 Christine Mollier, Introduction, dans Une Apocalypse taoïste du Ve siècle, le livre des incantations divines des grottes abyssales, Paris: Institut des hautes études chinoises,

1990, pp. 22 – 25.
200 Kristophe Schipper, *Préface*, dans Christine Mollier, *Une Apocalypse taoïste du Ve siècle, le livre des incantations divines des grottes abyssales*, Paris: Institut des hautes études chinoises, 1990, p. 2.
201 Kristophe Schipper, *Préface*, dans Christine Mollier, *Une Apocalypse taoïste du Ve siècle, le livre des incantations divines des grottes abyssales*, Paris: Institut des hautes études chinoises, 1990, p. 3.
202 陈耀庭:《道教在海外》,福建人民出版社,2000年,第198页。
203 程乐松:《借镜与对话——汉语视野中的法国道教研究》,载朱越利主编:《理论·视角·方法:海外道教学研究》,齐鲁书社,2013年,第43页。

结　语

　　法国的道教研究有着悠久的历史，也经历了一个漫长的发展过程。明清之际入华的传教士沿袭利玛窦的传教策略，"重儒轻道"，一方面站在基督教的立场，带着传播基督教的目的对待道教，使用各种贬斥之语批判道教，导致道教在欧洲的声誉和形象极其不佳；另一方面，为了让中国人更好地亲近基督教，索隐派传教士又在儒道典籍中孜孜不倦地寻找符合基督教教义的蛛丝马迹，故而在《道德经》中寻找"三位一体"和"耶和华"名字存在的证据，体现了浓厚的传教功利色彩。这种态度和认识影响了19世纪早期的法国汉学家。

　　19世纪初期，法国汉学正式确立，但早前入华的传教士对于道教的认识在对19世纪早期某些汉学家依然存在影响。一部分汉学家继续贬斥道教，如雷慕沙把道家文化归于西方基督教哲学，体现出基督教至上的立场和欧洲中心论的特点。与此同时，随着鲍狄埃、儒莲等汉学家对《道德经》权威注本的使用，早前传教士和雷慕沙的观点得到了修正，使法国在译介道家和道教典籍方面走在了欧洲国家的前列。到19世纪中后期，法国汉学家将注意力从《道德经》扩大至《庄子》《列子》《淮南子》《阴骘文》《山海经》等道家和道教典籍，零星地翻译了这些典籍的片段，并从后来居上的英、德汉学家那里吸收了成果。此外，19世纪后期的部分汉学家，如罗斯奈和马塞伦师徒将道家和道教进行二元划分，肯定道家，批判道教，带着欧洲人的优越感对道教加以贬斥，仍然体现了明显的"欧洲中心论"色彩。但他们又已开始注意收集整理道教文献和道教研究资料，介绍道教经典、人物、神仙等，又体现出法国汉学重视文献的学术传统。从严格意义上说，19世纪算不上法国科学研究道教的时期，但这一时期的汉学家上承明清之际入华传教士对于道教的认识，下启20世纪法国对于道教的科学研究，有着举足轻重的作用。

至20世纪初期，随着法国获得越来越多的道教文献，自沙畹始，法国开始迈入科学研究道教的时代。在发扬法国汉学重视文献基础的优良传统时，各种现代意义上的学术研究方法得以使用，施舟人开辟的将文献学与田野调查相结合的研究方法便是很好的例证。法国道教研究的主题和对象涉及道教的方方面面，如道教典籍、道教科仪、神仙传记、道教类书、道教末世论等。今天，法国的研究者早已脱离了明清之际传教士和19世纪早期汉学家的思想窠臼，科学地研究道教，平等、友好地对待道教。例如，施舟人先生曾表示道教的文化传统是"一个对人类文明贡献极大的中国文化基因库"[1]，甚至比基督教文化博大精深，"对人类文明的贡献也更大"[2]。一位西方的汉学家对道教做出如此高的评价，这在明清之际来华的传教士那里是无法想象的。正因为如此，法国和中国的道教研究学者方能站在平等的立场，进行平等的对话和交流。

"他山之石，可以攻玉。"法国汉学对道教的各方面研究有着许多值得国内学界学习和借鉴的地方。对此，有学者呼吁："在建设中国自己的道教学时，我们应该更加注意外国学者的长处，发挥自己的优势，为完善中国的社会科学体系而作出自己的贡献。"[3]今天，我们分析法国这一海外汉学重镇的道教研究，有助于加强中法两国的文化交流，进一步开展两国道教学界的跨文化对话，借鉴法国道教研究的成果和经验，更好地弘扬中国优秀传统文化，为"中国文化走出去"战略服务。

注释

1　施舟人：《中国文化基因库·自序》，北京大学出版社，2002年，第8页。
2　施舟人：《中国文化基因库·自序》，北京大学出版社，2002年，第6页。
3　陈耀庭：《法国的道教研究一瞥》，载上海中西哲学与文化交流研究中心，《文化传统寻绎》，上海：学林出版社，1990年，第308页。

附录

法汉人名对照表

法文名	中文名
Abel Rémusat	雷慕沙
Alexandre de Lacharme	孙璋
Antoine Gaubil	宋君荣
Benedykt Grynpas	本尼迪克特·格兰帕
Christine Mollier	穆瑞明
Claude de Visdelou	刘应
Dominique Parrenin	巴多明
Désiré Jean Baptiste Marceron	马塞伦
Édouard Chavannes	沙畹
Franciscus Verellen	傅飞岚
François Noël	卫方济
Guillaume de Rubrouck	鲁布鲁克
Guillaume Pauthier	鲍狄埃
Henri Cordier	亨利·考狄
Henri Maspero	马伯乐
Isabelle Robinet	贺碧来

Jean Baptiste du Halde	杜赫德
Jean de Fontaney	洪若翰
Jean-Baptiste Régis	雷孝思
Jean-François Foucquet	傅圣泽
Jean-François Gerbillon	张诚
Joachim Bouvet	白晋
John Lagerway	劳格文
Joseph Dehergne	荣振华
Joseph Marie de Prémare	马若瑟
Joseph-Anne-Marie de Moyriac de Mailla	冯秉正
Joseph-Marie Amiot	钱德明
Kristophe Schipper	施舟人
Louis IX	路易九世
Louis Lecomte	李明
Louis XIV	路易十四
Léon Wieger	戴遂良
Marcel Granet	葛兰言
Marco Polo	马可·波罗
Matteo Ricci	利玛窦
Max Kaltenmark	康德谟
Michel de Montaigne	蒙田
Montesquieu	孟德斯鸠
Nicolas Trigault	金尼阁
Paul Demiéville	戴密微
Paul Pelliot	伯希和

Pierre Martial Cibot	韩国英
René Étiemble	艾田蒲
Stanislas Julien	儒莲
Voltaire	伏尔泰

参考文献

一、中文文献

（一）工具书、著作、译作、学位论文、论文集

艾田蒲著，许钧、钱林森译：《中国之欧洲》，桂林：广西师范大学出版社，2008年。

布瓦耶·德·阿尔让著，邵立群、王馨颐译：《中国人信札》，北京：中央编译出版社，2013年。

陈鼓应：《道家文化研究》（第16辑），北京：生活·读书·新知三联书店，1999年。

陈宣良：《伏尔泰与中国文化》，北京：首都师范大学出版社，2010年。

陈耀庭：《道教在海外》，福州：福建人民出版社，2000年。

戴仁著，耿昇译：《法国当代中国学》，北京：中国社会科学出版社，1998年。

《道藏》，北京、上海、天津：文物出版社、上海书店、天津古籍

出版社，1988年。

丁培仁：《增注新修道藏目录》，成都：巴蜀书社，2007年。

杜赫德编，耿升，等译：《耶稣会士中国书简集：中国回忆录》，郑州：大象出版社，2005年。

《法国汉学》丛书编辑委员会：《法国汉学．第七辑，宗教史专号》，北京：中华书局：2002年。

方豪：《中西交通史》，上海：上海人民出版社，2015年。

费赖之著，冯承钧译：《在华耶稣会士列传及书目》，北京：中华书局，1995年。

伏尔泰著，梁守锵译：《风俗论》（上册），北京：商务印书馆，1994年。

伏尔泰著，王燕生译：《哲学辞典》（上册），北京：商务印书馆，1991年。

福井康顺、山崎宏、木村英一、酒井忠夫监修，朱越利、冯佐哲，等译：《道教》（第三卷），上海：上海古籍出版社，1992年。

顾长声：《传教士与近代中国》，上海：上海人民出版社，2013年。

何培忠：《当代国外中国学研究》，北京：商务印书馆，2006年。

何兆武、柳卸林：《中国印象：外国名人论中国文化》，北京：中国人民大学出版社，2011年。

门多萨著，孙家堃译：《中华大帝国史》，南京：译林出版社，2014年。

黄长著、孙越生、王祖望：《欧洲中国学》，北京：社会科学文献出版社，2005年。

黄海德、李刚：《简明道教辞典》，成都：四川大学出版社，1991年。

柯兰霓著，李岩译：《耶稣会士白晋的生平与著作》，郑州：大象出版社，2009年。

蓝莉著，许明龙译：《请中国作证：杜赫德的〈中华帝国全志〉》，北京：商务印书馆，2014年。

利玛窦、金尼阁著，何高济、王遵仲、李申译：《利玛窦中国札记》，北京：中华书局，2010年。

李明著，郭强、龙云、李伟译：《中国近事报道（1687—1692）》，郑州：大象出版社，2004年。

李朋：《中国道教文化典故》，天津：天津古籍出版社，2009年。

李新德：《明清时期西方传教士中国儒道释典籍之翻译与诠释》，北京：商务印书馆，2015年。

李养正：《当代道教》，北京：东方出版社，2000年。

李勇：《西欧的中国形象》，北京：人民出版社，2010年。

刘正：《海外汉学研究：汉学在20世纪东西方各国研究和发展的历史》，武汉：武汉大学出版社，2002年。

龙云：《钱德明：18世纪中法间的文化使者》，北京：北京大学出版社，2015年。

禄是遒著，王慧庆译：《中国民间崇拜．第10卷，道教仙话》，上海：上海科学技术文献出版社，2014年。

马伯乐著，胡锐译：《马伯乐道教学术论著》，北京：宗教文化出版社，2019年。

马伯乐著，侴晓笛、盛丰，等译：《马伯乐汉学论著选译》，北京：中华书局，2014年。

马祖毅、任荣珍：《汉籍外译史》，武汉：湖北教育出版社，2003年。

孟德卫著，陈怡译：《奇异的国度：耶稣会适应政策及汉学的起源》，郑州：大象出版社，2010年。

孟德斯鸠著，许明龙译：《孟德斯鸠论中国》，北京：商务印书馆，2016年。

钱林森：《法国作家与中国》，福州：福建教育出版社，1995年。

钱林森：《光自东方来——法国作家与中国文化》，银川：宁夏人民出版社，2004年。

卿希泰：《中国道教史》（修订本），成都：四川人民出版社，1996年。

卿希泰：《简明中国道史教》，北京：中华书局，2013年。

让·皮埃尔·德格著，吴岳添译：《丝绸之路——东方和西方的交流传奇》，上海：上海书店出版社，1998年。

任继愈、钟肇鹏：《道藏提要》，北京：中国社会科学出版社，1995年。

荣振华著，耿升译：《在华耶稣会士列传及书目补编》，北京：中华书局，1995年。

施舟人：《〈老子中经〉初探》，《道家文化研究》（第十六辑），北京：生活·读书·新知三联书店，1999年。

施舟人：《中国文化基因库》，北京：北京大学出版社，2002年。

施舟人编，陈耀庭改编：《道藏索引》，上海：上海书店出版社，1991年。

索安著，吕鹏志，等译：《西方道教研究编年史》，北京：中华书局，2002年。

田诚阳：《道经知识宝典》，成都：四川人民出版社，1995年。

王卡、汪桂平：《中国本土宗教研究》（第一辑），北京：社会科学文献出版社，2018年。

王宁、钱林森、马树德：《中国文化对欧洲的影响》，石家庄：河北人民出版社，1999年。

毕诺著，耿昇译：《中国对法国哲学思想形成的影响》，北京：商务印书馆，2000年。

魏若望著，吴莉苇译：《耶稣会士傅圣泽神甫传：索隐派思想在中国及欧洲》，郑州：大象出版社，2006年。

谢和耐著，耿昇译：《中国与基督教：中西文化的首次撞击》，北京：商务印书馆，2013年。

谢和耐、戴密微，等著，耿昇译：《明清间耶稣会士入华与中西汇通》，北京：东方出版社，2011年。

谢天振等：《中西翻译简史》，北京：外语教学与研究出版社，2009年。

忻剑飞：《世界的中国观：近二千年来世界对中国的认识史纲》，上海：学林出版社，2013年。

熊文华：《英国汉学史》，北京：学苑出版社，2007 年。

许光华：《法国汉学史》，北京：学苑出版社，2009 年。

许明龙：《黄嘉略与早期法国汉学》（修订本），北京：商务印书馆，2014 年。

许明龙：《欧洲十八世纪"中国热"》，北京：外语教学与研究出版社，2007 年。

徐宗泽：《明清间耶稣会士译著提要》，上海：上海书店出版社，2010 年。

阎纯德：《汉学研究》（第八集），北京：中华书局，2004 年。

阎宗临：《传教士与法国早期汉学》，郑州：大象出版社，2003 年。

博西耶尔夫人著，辛岩译：《耶稣会士张诚——路易十四派往中国的五位数学家之一》，郑州：大象出版社，2009 年。

俞森林：《中国道教经籍在十九世纪英语世界的译介研究》，成都：巴蜀书社，2015 年。

张国刚：《德国的汉学研究》，北京：中华书局，1994 年。

张国刚等：《明清传教士与欧洲汉学》，北京：中国社会科学出版社，2001 年。

张君房编，李永晟点校：《云笈七签》，北京：中华书局，2013 年。

张西平：《中国与欧洲早期宗教和哲学交流史》，北京：东方出版社，2001 年。

张西平：《国际汉学》（第 22 辑），郑州：大象出版社，2012 年。

张西平:《西方汉学十六讲》,北京:外语教学与研究出版社,2011年。

朱谦之:《中国哲学对欧洲的影响》,上海:上海人民出版社,2005年。

朱越利:《道经总论》,沈阳:辽宁教育出版社,1991年。

朱越利:《理论·视角·方法:海外道教学研究》,济南:齐鲁书社,2013年。

(二) 论文、译文类

陈欣雨:《"耶道对话"的新尝试——以傅圣泽〈据古经传考天象不均齐〉一文为参照》,《北京行政学院学报》,2015年第4期。

陈耀庭:《法国的道教研究一瞥》载上海中西哲学与文化交流研究中心,《文化传统寻绎》,上海:学林出版社,1990年,第308页。

高第著,马军译注:《法国近代汉学巨擘——儒莲》,载阎纯德主编:《汉学研究》(第八集),北京:中华书局,2004年。

高正:《老子的"道"与黑格尔"绝对理念"》,《哲学动态》,1998年第9期。

何立芳:《"经文辩读"视野下道教术语英译的宗教学考察——以施舟人和傅飞岚〈道藏通考〉为例》,《宗教学研究》,2013年第3期。

胡锐:《20世纪海外道教学术观的演变——以马伯乐道教学术遗稿的版本分析为中心》,《宗教学研究》,2017年第4期。

胡锐：《当前法国的道教研究：学者、源流、观点及方法》，《宗教学研究》，2014年第2期。

李大华：《法国视野中的中国文化——法国学者付飞岚访谈录》，《开放时代》，1998年第4期。

雷慕沙著，陈新丽、王雅婷译：《雷慕沙著：论老子的生平与学说》，《国际汉学》，2018年第4期。

吕鹏志：《本世纪道教哲学研究的进展》，《四川大学学报》（哲学社会科学版），2000年第6期。

吕鹏志：《法国道教研究文献目录（1831—2002）》，载《法国汉学》丛书编辑委员会，《法国汉学．第七辑，宗教史专号》，北京：中华书局，2002年。

吕鹏志：《走进西方道教研究的殿堂——石秀娜〈西方道教研究编年史评介（1950—1990）〉评价》，《宗教学研究》，2001年第3期。

邰谧侠：《〈老子〉的全球化和新老学的成立》，《中国哲学史》，2018年第2期。

丸山宏：《欧洲的道教研究成果——〈道藏通考〉的完成及其意义》，《国外社会科学》，2007年第6期。

俞森林：《"洋道士"施舟人的道教研究》，《中国宗教》，2012年第5期。

曾建华：《"神仙"研究百年》，《西南民族大学学报》（人文社科版），2016年第8期。

张崇富：《继承汉学传统：荷兰道教研究的成就与最新进展》，

《宗教学研究》，2010年第3期。

张崇富：《上清派修炼思想研究》，四川大学博士论文，2003年。

张思齐：《德国道教学的历史发展及其特点》，《西南民族大学学报》（人文社科版），2007年第12期。

郑天星：《国外的道藏研究》，《国外社会科学》，2002年第3期。

郑天星：《欧美道教研究概述》（一），《中国道教》，1993年第4期。

郑天星：《欧美道教研究概述》（二），《中国道教》，1994年第1期。

周燕：《法国耶稣会士兼"国王数学家"李明及其〈中国近事报道〉研究》，浙江大学博士论文，2008年。

二、外文文献

（一）著作、译作

Abel Rémusat. *Le Livre des récompenses et des peines*. Paris: Antoine-Augustin Renouard, 1816.

Abel Rémusat. *Mémoire sur la vie et les opinions de Lao-tseu*. Paris: Imprimerie Royale, 1823.

Christine Mollier. *Une Apocalypse taoïste du début du Ve siècle:le livre des incantations divines des grottes abyssales*. Paris: Collège de France, Institut des hautes études chinoises, 1990.

Claude Larre, Isabelle Robinet, Elisabeth Rochet de la Vallée. *Les*

Grands traités du Houainan zi. Paris: Éditions du Cerf, 1993.

Désiré Jean Baptiste Marceron. *Bibliographie du Taoïsme*. Paris: Ernest Leroux, 1898.

Édouard Chavannes. *Le T'ai-chan: essai de monographie d'un culte chinois*. Paris: Ernest Leroux, 1910.

Farzeen Baldrian-Hussein. *Procédés secrets du Joyau magique, traité d'alchimie taoïste du XIe siècle*. Paris: Les Deux Océans, 1984.

Franciscus Verellen. *Du Guangting (850 – 933):taoïste de cour à la fin de la Chine médiévale*. Paris: Collège de France, Institut des hautes études chinoises, 1989.

Guillaume Pauthier. *Le Tao-te-king, ou le livre révéré de la raison suprême et de la vertu*. Paris: F. Didot Frères, 1838.

Guillaume Pauthier. *Mémoire sur l'origine et la propagation de la doctrine du Tao*. Paris: Imprimerie Dondey-Dupré, 1831.

Henri Maspero. *Le Taoïsme et les religions chinoises*. Paris: Gallimard, 1971.

Isabelle Robinet. *La Révélation du Shangqing dans l'histoire du Taoïsme*. Tome 1. Paris: École française d'Extrême-Orient, 1984.

Isabelle Robinet. *La Révélation du Shangqing dans l'histoire du Taoïsme*. Tome 2. Paris: École française d'Extrême-Orient, 1984.

Jean Baptiste du Halde. *Description géographique, historique, chronologique, politique et physique de l'Empire de la Chine et de la Tartarie chinoise*. Tome 1. Paris: P. G. Lemercier, 1735.

Jean Baptiste du Halde. *Description géographique, historique, chronologique, politique et physique de l'Empire de la Chine et de la Tartarie chinoise*. Tome 3. Paris: P. G. Lemercier, 1735.

John Lagerwey. *Wu-shang pi-yao—somme taoïste du VIe siècle*. Paris: École française d'Extrême-Orient, 1981.

Joseph-Marie Amiot, Sur la Secte des tao-sée, dans *Mémoires concernant l'histoire, les sciences, les arts, les mœurs, les usages, etc. , des Chinois, par les missionnaires de Pékin*. Tome 15. Paris: Nyon l'aîné & fils, 1791.

Kristophe Schipper. *Concordance du Houang-t'ing king: Nei-king et Wai-king*. Paris: École française d'Extrême-Orient, 1975.

Kristophe Schipper. *L'Empereur Wou des Han dans la légende taoïste*. Paris: École française d'Extrême-Orient, 1965.

Kristophe Schipper. *Le Corps taoïste:corps physique-corps social*. Paris: Fayard, 1997.

Kristophe Schipper. *Le Fen-teng, rituel taoïste*. Paris: École française d'Extrême-Orient, 1975.

Kristophe Schipper, Franciscus Verellen. *The Taoist Canon:a historical companion to the Daozang*. Volume 1. Chicago & London: The University of Chicago Press, 2002.

Kristophe Schipper, Franciscus Verellen. *The Taoist Canon:a historical companion to the Daozang*. Volume 2. Chicago & London: The University of Chicago Press, 2002.

Kristophe Schipper, Franciscus Verellen. *The Taoist Canon:a historical companion to the Daozang.* Volume 3. Chicago & London: The University of Chicago Press, 2002.

Léon de Rosny. *Le Livre de la récompense des bienfaits secrets.* Paris: Imprimerie H. Carion, 1856.

Léon de Rosny. *Chan-hai-king, antique géographie chinoise.* Paris: Maisonneuve, 1891.

Léon de Rosny. *Le Taoïsme.* Paris: Ernest Leroux, 1892.

Léon Wieger S. J. *Taoïsme, Tome 1, Bibliographie générale.* Hien-hien: Imprimerie de Ho-kien-fou, 1911.

Léon Wieger S. J. *Taoïsme, Tome 2, Les Pères du système taoïste.* Hien-hien: Imprimerie de Ho-kien-fou, 1911.

Lieou Kia-hway, Benedykt Grynpas. *Philosophes taoïstes.* Paris: Gallimard, 1980.

Louis Lecomte. *Nouveaux mémoires sur l'état présent de la Chine.* Pairs: Jean Anisson, 1696.

Max Kaltenmark. *Le Lie-sien tchouan: traduit et annoté.* Paris: Collége de France, 1987.

Max Kaltenmark. *Lao Tseu et le Taoïsme.* Paris: Seuil, 1965.

Pierre Martial Cibot. Notice du Cong-fou des bonzes tao-sée, dans *Mémoires concernant l'histoire, les sciences, les arts, les moeurs, les usages, etc., des Chinois, par les missionnaires de Pékin.* Tome 4. Paris: Nyon l'aîné & fils, 1780.

René Étiemble. *L'Europe chinoise* I, *De l'Empire romain à Leibniz*. Paris: Gallimard, 1988.

René Étiemble. *L'Europe chinoise* II, *De la sinophilie à la sinophobie*. Paris: Gallimard, 1989.

Stanislas Julien. *Le Livre des récompenses et des peines*. Paris: Printed for the Oriental Translation Fund, 1835.

Stanislas Julien. *Le Livre de la voie et de la vertu*. Paris: Imprimerie Royale, 1842.

(二)期刊论文

Abel Rémusat. Sur la Vie et les opinions de Lao-tseu, philosophe chinois du sixième siècle avant notre ère. *Mélanges asiatiques*, Tome 1, 1825.

Édouard Chavannes. Le Tao to king gravé sur pierre, estampages publiés par G. CH. Toussain. *T'oung-Pao*, Second Series, Vol. 6, No. 2, 1905.

Édouard Chavannes. Dr. L. Wieger, S. J., Taoïsme, Tome 1, Bibliographie générale. *T'oung Pao*, Vol. 12, 1911.

Édouard Chavannes. Le Jet des Dragons. *Mémoires concernant l'Asie orientale*, Tome 3, 1919.

后 记

拙作是在笔者博士论文的基础上修订精减而成的。在博士论文的撰写及本书的修改过程中，笔者得到诸多师友的帮助和关怀，受益匪浅。

首先，衷心感谢笔者在读博期间的导师李刚教授。笔者学识浅陋，却有幸忝列师门，得受先生悉心指导，先生的学识、人格魅力以及他的宽厚仁慈，让学生无比敬仰、受益终生。对先生的感激，绝非言语所能表达！

感谢四川大学道教与宗教文化研究所的盖建民教授、詹石窗教授、朱越利教授、唐大潮教授、张泽洪教授、张钦教授、闵丽教授、胡锐教授、张崇富教授以及西南交通大学人文学院的吕鹏志教授，他们曾对拙作提出了许多宝贵的建议。尤其是吕鹏志教授和胡锐教授，两位都是从事海外汉学宗教研究的专家，他们曾在百忙之中对我的请教不厌其烦地一一作答。

感谢西南交通大学外国语学院的李卓慧书记、李成坚院长、俞森林副院长、王鹏飞副院长、杨安文副院长,感谢他们一直以来给予青年教师的理解与关心。拙作的出版,离不开他们的支持。

另外,感谢我在法国访学期间有幸遇到的所有师友,尤其是法国高等研究学院的高万桑教授(Vincent Goossaert)、法国远东学院的吕敏教授(Marianne Bujard)、高等汉学研究所图书馆岑咏芳女士等。我在巴黎的各个图书馆搜集资料时,曾得到他们的无私帮助。

由衷地感谢我的家人,他们对我给予了最大的理解和支持,常默默地包揽了所有家务,以便我能专注于学业和工作。

最后,感谢四川大学出版社的编辑老师们,尤其是舒星、王静女士为拙作的出版付出了极大心血。

由于学识有限,拙作难免会有一些不足和错误,敬请各位前辈和学界同仁批评指正,以便日后进行修改和完善。

张 粲
2020 年 3 月于成都